『和室礼讃』

本書130頁キャプションにて次の通り誤りがございました。お詫びして訂正いたします。

【誤】
能楽「石橋　大獅子」
↓
【正】
能「石橋　大獅子」

【誤】
シテ　梅若記佳
↓
【正】
シテ　梅若紀佳

松村秀一／稲葉信子／上西明／内田青蔵／桐浴邦夫／藤田盟児 編
日本建築和室の世界遺産的価値研究会 著

和室礼讃

「ふるまい」の空間学

晶文社

装丁　松田行正＋倉橋弘
カバー写真　慈光院書院（撮影　上西明）

はじめに

和室　そこでは人も美しい

松村秀一（著者を代表して）

始まりの四畳半

日本の大学で建築を学んだ方なら知っているべき部屋、それもとても小さな部屋が京都の東山にあります。銀閣寺としても知られる慈照寺の東求堂という建物の中、その北東の角にある「同仁斎」という部屋です。

本書は、世界で日本にしかない「和室」という空間の有形、無形の文化的な豊かさを、読者の皆様とともに味わい尽くそうという主旨で編まれていますが、ここで仮に床に畳が敷き詰められ、天井も張られ、床の間のような場所も設けられている部屋を「和室」と呼ぶことにしますと、この「同仁斎」こそが世界に現存する最古の和室なのです。

一五世紀末に足利義政のためにつくられたこの部屋を含む慈照寺東求堂は国宝です。普段は公開されていませんが、年に何回かは特別公開されることがあります。私も、かつて京都の大学に入学したばかりの愚息のアパートを訪ねた折に、運良くその日が東求堂の特別公開日であることを知り、建築とは縁もゆかりもない愚息とともに世界史的な四畳半を見ることができました。私のような予備知識もありその歴史的な価値を刷り込まれてもいる建築人が、この部屋を前にして瞠目するのは不思議なことではありませんが、建築に関する知識もなければ、さほどの関心がある訳でもない愚息の心まで動かされていたのには少なからず驚くとともに、嬉しい思いが致しました。

柔らかな清潔感が印象的な敷き詰め畳。適度な高さで人の視線を低く集中させる天井。絶妙なプロポーションで配された付書院と違い棚。ほっそりと空間を縁取る柱等の木部。そして、書院の真白な障子を開けたところに現れる色鮮やかな自然。これだけの豊かな要素が四畳半に品良く盛り込まれているのですから、心動かされるのに、建築学的な予備知識など必要なかったのです。

建築写真で表せない「和室」

この慈照寺東求堂同仁斎が、和室の文化的な豊かさを代表していることは間違いありません。けれども和室の豊かさのすべてではありません。

畳を敷き詰めた部屋としての和室は、この同仁斎の四畳半が最初期の例で、その後皆様もご存じのように、支配階層の執務空間から庶民の住まいまで、座敷や広間から茶室、そして茶の間まで、日本社会の様々な室内空間に遍く広がっていったのです。ですから、あの四畳半になかった構成要素もどんどん現れてきましたし、あの四畳半よりもっと狭い和室も、うんと広い和室も出てきました。そして、それに伴って慈照寺東求堂同仁斎には見られなかった文化的な豊かさもいろいろと現れたのです。

たとえば、自然のまま曲がっていたり樹皮がついていたりする木を柱にし、土壁を粗く仕上げたり、下地の竹小舞をそのままにして丸い窓を穿ったりした茶室の侘びの美。中国古典の物語や、龍や獅子や孔雀や虎や、花鳥や山の緑等々を狩野派の絵師から東山魁夷のような現代画家までが描いた襖絵の華やかな展開。藺草表の編み方や縁の模様や素材がある種の格式までを表すようになった畳の世界。芸術を鑑賞する場として確固たる位置を占め、ある時代には封建社会の象徴として批判の的にすらなった床の間と床飾り。開け放てる建具や、陰影をつくり出す格子や、縁側といった繊細な仕掛けを介して溶け合うように交じり合う内と外。そして、そのことで部屋と一体的に考えられた作庭。これらはいずれも、あの一五世紀後半の四畳半がまだ具えていなかった和室の文化的な豊かさだと言えるでしょう。しかし、本書の著者たちが、あの四畳半の豊かさが和室の豊かさのすべてではないと断言するのは、別の理由からです。

長らく建築の世界で「建築写真」と言えば、そこに人は写っていませんでした。今でこそ、人が写っていても建築写真として建築雑誌や作品集に載せられていることはありますが、ついこの間までは違いました。有名な建築を巡る旅に出かける建築少年、建築少女たちは、撮りたい建築から人の気配が消えるのを待ってシャッターを切ります。パルテノン神殿やル・コルビュジエのサヴォア邸の写真に人が写っていては困るのです。建築写真は日常の風景写真でもなければ、観光の記念写真でもありません。

実は、今日の慈照寺東求堂同仁斎は、誰も暮らしていない部屋ですから、特別公開の折に訪れる私たちは、それを建築写真のようにしか見られないのです。ここにこそ、私たちが「あの四畳半の豊かさが和室の豊かさのすべてではないと断言する」本当の理由があります。

人のふるまいを導く空間

和室の文化的な豊かさの大きな部分は、今述べたような意味での建築写真には写せないものです。和室が庭や通りといった外部空間と溶け合う関係にあるのと同じように、和室はそこでの人のふるまいと分かち難く深く結び付いています。そして、その代表格は畳という床仕上げと人のふるまいとの関係です。

畳を敷いた和室に靴のまま上がる人はいないでしょう。出島において、或いは開国前後の一時期に、靴を履いた西洋人を和室に迎え入れたことはありますが、それは例外中の例外です。マンションの中でフローリング仕上げのリビングルームに和室が繋がっていて、リビングルームではスリッパを履いているような場合、多くの人は和室に上がる手前でスリッパを脱ぐのではないでしょうか。畳仕上げが「脱ぐ」「上がる」という人のふるまいを導いているのです。

靴や履物を脱ぐと人の歩き方は変わります。着物のご婦人ですと尚更でしょう。摺り足というやつです。そして、改まった場面だとするとそこから正座に移行し、「どうぞお楽に」などと言われると、男性の場合は胡座に移行する人もいます。そして、こうして座った時に尻の下にある畳に目をやると、自分が大体畳の半分を占めていることがわかります。改まった場面ではなくくつろいで良い場面だとすると、上がっていきなりゴロンと寝転ぶ人もいるでしょう。その時に自分の下の畳に目をやると、自分がおおよそ畳一枚分を占めていることがわかります。そもそも畳の寸法は、そのように人体寸法に、つまりは人の立居ふるまいに対応してできているのです。

お茶やお花に代表される日本独特のもてなしやお稽古事では、畳の上での立居ふるまいに関する作法が決められ、受け継がれています。そこでは、畳の目まで使われていることがあります。

今でこそ和室での冠婚葬祭の機会は減りましたが、かつて多くの家が冠婚葬祭のための続き間和室を持っていた頃には、忌事も含めて席次や挨拶の仕方、宴席でのふるまいに至るまで、作法が常識として共有されていました。結婚式の着付けを済ませた娘が、両親のいる座敷に正座をし三つ指立てて「長い間有難うございました」と言う、昔の日本映画の場面などを観ますと、和室での人のふるまいの美しさにハッとさせられます。

そうかと思えば、無礼講的な和室での宴会の様子もまた面白いものです。椅子座の宴会ではなかなかああは行きませんが、それなりに酔いが回ってきますと、最早どこが誰の席か、或いはそもそもそこが席だったかどうかすらわからない状態になってきます。畳の上の床座独特のふるまいと言って良いでしょう。更に酒量が増えてきますと、ゴロンとなって寝始める者も出てきます。きちんとした座敷だったはずが、人のふるまいとともに実に融通無碍に変化していくのです。

本書の狙い

人のふるまいを導き、そのふるまいによって性格を変化させる和室。ですから、人のいない建築写真的な見方では、その文化的な豊かさを捉えきれないのです。

年を追うごとにこの国の人々の暮らしの中から和室が消えてゆきつつある現状に強い危機感を抱き、世界に稀な和室の価値を改めて評価し、国内国外を問わず多くの皆様とそれを共有しようというのが本書の狙いです。その狙いからすれば、建築写真では捉えきれない和室の文化的な豊かさを表現しなければなりません。もちろん建築写真で捉えられる和室の豊かさも沢山ありますし、人のふるまいを写すことの難しい和室、或いは写真に写すことの難しい人のふるまいもあります。ですので、すべてを写真で表現することはできず、そういう場合には絵図と文章との組合せで表現することにしました。

さて、このような本書は、その狙いから、和室での人のふるまいを軸に構成することにしました。具体的には、人のふるまいを示す四〇個ほどの動詞をテーマとして取り上げています。五十音順ですと、「会う」、「上がる」、「味わう」…というふうにです。そして、日本建築学会旧「日本建築和室の世界遺産的価値特別調査委員会」の流れをくむ「日本建築和室の世界遺産的価値研究会」の、和室を愛するメンバーたちが適宜分担する形で、そのふるまいと分かち難い和室の特質を、象徴的な写真や絵図とともに簡潔に論じています。

結果として、和室の歴史に関する話もあれば、今日の和室に関する話もあります。

そこでの暮らしの話もあれば、職人の話もあります。かつての支配階層の上等な和室についての話もあれば、最近の木造長屋の和室の話もあります。日本人のいろいろなふるまいに対応するこの多様性もまた、和室の文化的な豊かさなのです。

また、これを機会に古今東西の著名な方々による「和室礼讃」にあたる文章を厳選し解説するパートと、和室がなぜなくなってきたのかについて建築士たちに苦言を呈したことのある養老孟司さんとの座談の内容をご紹介するパートも用意しました。ここでも和室の様々な捉え方に触れることができます。

和室があって良かった。和室のある暮らしは素敵だ。そして、和室にいる人は美しい。本書を読んで、そんなふうに感じていただければ、著者一同望外の幸以外の何物でもありません。どうか唯一無二の和室という文化を存分にお楽しみ下さい。

第一章 それぞれの和室礼讃

それぞれの和室礼讃──前文に代えて

稲葉信子

文化遺産の国際協力に携わってきた職業柄、海外で日本の文化について話し、また外国人を長期短期で日本に招聘する仕事をこなしてきた。日本に関心を持つ外国人、少なくとも私が接触してきた外国人の多くが、日本は先進国家でありながら伝統を残しているその社会の形が面白いという。本当にそうだろうか。イタリアに二年ほど仕事で赴任していたことがあるが、そちらのほうがよほど伝統的な社会を残している。

伝統という言葉に気を付けている。伝統と習慣は異なる。習慣は、それが機能的に洗練されて便利だから残ってきた。習慣を変える方が難しい。たとえば家の台所にある道具や食器をすっかり入れ替える方がよほど大変である。外国人にとっては、西洋のものとは見た目が大きく異なるもろもろのものが、先端技術と共存しているその姿が面白いのであろう。外国人に対しては、まずはその認識の違いの洗い出しから話を始めることにしている。そして気が付くことがある。われわれ現代日本人は、日本人なんだろうかという自らへの問いに戻るということに。

箸と醤油、味噌を使う習慣はこれからも残るだろう。しかし和室はどうだろうか。和室の伝統を語るとは、どういうことなのか。伝統という言葉を習慣に言い替えるなら、部屋の使い方、日々の住まい方を語ることになる。我々の身に染み付いて、便利で、だからなくならない住まい方の習慣は果たしてあるだろうか。靴を脱ぎ、床の上でくつろぐその生活方式は、しかし日本独特のものではない。さらにそのうえで畳、障子など和室の有形要素は、日本人の住まい方に不可欠なものなのだろうか。

和室を語る際に、建築に携わる我々がいつも参照する本に谷崎潤一郎の『陰影礼讃』がある。インドの建築大学で学生から、この本についての見解を聞かれたことがある。米国で学んだ教員から聞いたのであろう。その教員は年齢から推定して私と同じ、モダニズム建築の洗礼を受けてきた世代である。和室を好む外国人モダニストの存在の広がりを改めて実感した。著名人の和室についての文章を紹介する本書のこの章で、谷崎のこの本は欠かせないと思いながら、しかし日本建築の伝統を真正面に取り上げた一冊の、どこかを抜き出すということは難しかった。読者の方々には原書にあたっていただくことにしよう。ただここではひとこと、この本を書いた谷崎はどういう立場でこの本を書いたのか、谷崎の研究者ではないことをお断りしたうえで、伝統を扱う文化遺産保護の実務家としての立場から『陰影礼讃』を読んで、考えるところを少しだけ書かせていただこう。それは谷崎にとって日本建築の伝統がすでに客体化されてしまっているのではないかということである。谷崎は日本建築の美を内側からではなく外側から賛美しているように思ったのである。伝統からは切り離された近代知識人の美意識と言ったら言い過ぎだろうか。さあそれでは内側から伝統を分析するとしたらどうするのか。ナショナリズムに陥らないでそれが可能か。

作家、映画人から建築家まで、様々な立場の人々が残した和室についての言説を読み返してみることで何か見えるかもしれない。それがこの「それぞれの和室礼讃」のセクションの目的である。文章の選択を担当したのは、上西明、内田青蔵、桐浴邦夫、そして筆者である。選んだものにそれぞれが解説を加えた。ほかからも助言を得たが、その氏名は採録箇所の末尾に掲示した。

そして筆者が選んだのは、建築に携わる者なら誰もが知っているワルター・グロピウスが桂離宮の写真集に寄せた文章である。『桂・日本建築における伝統と創造』と題された写真集の序文は丹下健三、写真は石元泰博。グロピウスの寄稿文のタイトルは「日本における建築」、翻訳は浜口隆一である。発行年は一九六〇年。日本人建築家が海外に発信を始めた頃であろうか。その頃日本を旅行し、日本人建築家と対話したグロピウスが、考えるところを日本人読者に語りかけている。そこから、日本の家屋の特徴、建築にかかる日本の伝統と西洋の近代思潮との類似、日本人建築家が抱える困難について指摘している箇所を抜き出した。引用箇所の最後のほうに、日本の建築遺産について「それは人々の無意識的習慣によって統一性を保たれてきた、総合的な文化の実態である」との文章がある。その文化が今も保たれているのか、それが問われているのではないだろうか。

グロピウスも谷崎もいずれもが目をとめているのは、日本家屋の庭とのつながり、縁側を介して生まれる空間のグラデーションである。そこにあるもの——それは季節の移ろいをのせて部屋を吹き抜けていく風。風が運ぶ音と匂い——そのように筆者は考えている。これが、日本家屋を描写する文章に共通しているもの、そして現在の和室から失われつつあるものかもしれない。

ワルター・グロピウス
「日本における建築」（浜口隆一訳）

出典 ワルター　グロピウス、丹下健三、石元泰博『桂　日本建築における伝統と創造』（造型社、一九六〇年）より一部抜粋

日本の伝統的な住宅は驚くほど近代的である。なぜなら西欧の建築家が現に取りくんでいる問題に対して、それはすでに数世紀も前に完全な解答を与えているからである。可動の内・外壁による全き融通性、空間の変化と多様性、建物の各部材がモデュラー・コォディネーションをもち、現場工事以前にあらかじめ作られていること、等。すべてこれらは、むろん手工業を基盤とするもので、近代世界においては地歩を失いつつあり、結局は工業的な生産方式および機械によって置きかえられなければならないものである。日本では今日でも市場で木造住宅の規格化された部材をみな買うことができ、それを現場で組みたてることができる。これら部材の使いかたは非常に融通性に富んでいるので、同時に統一性と多様性とを提供するという、二つの一見相反する要求を満足させることができる。

欧米近代の建築運動が、日本の考えかたによって強く影響されてきたと極言した人々もある。事実は、一方で古い日本文化の視覚表現、他方で20世紀の西欧の考えかた、この全くちがったところからはじまった両者に驚くべき一致がみられたのである。

略

西欧文明ではごく最近発見されたばかりの、家と庭のあいだの室内――屋外の関連は、日本では数百年の昔すでに大きな関心事であった。開口部、テラス、バルコニーなどは、庭の景色や遠近感を考慮して配置されている。大部分の庭は、住宅や寺院のまわりを囲んでいる縁

側から眺められるように設計されており、遊山や乱暴な遊びのためにつくられてはいなかった。この縁側は、なめらかに磨かれた木材でつくられ、上部は突き出した屋根でおおわれ、雨季の湿気を防ぐために木の支柱で地上より持ちあげられている。この縁に人々は坐り、子供たちは遊びながら庭を見下すのである。大きな引戸をあければ部屋からすぐ縁へ出られる。伝統的な住宅で、もっともわれわれの目をひく近代的な特徴の一つは、いくつもの部屋から、違った角度で眺められ、最後は庭に流れ込む展望である。

略

近代日本人が直面している問題は、しかし容易ならぬものである。西欧文明が日本の古い文化に与えた衝撃は、日本人を混乱のなかにつきおとした。古い家で人々は、狭いがしかし美しい、なにもない空間のなかに生活していた。椅子もベッドもなく、家具といえば低い食膳だけであった。寝るときは押入れからふとんを取りだし、床に敷いてねむり、朝ふたたびそれをたたむのであった。

日本人はようやく西欧ふうの安楽さと道具類とを切望しはじめ、椅子やベッドを採り入れようとしている。その結果として、日本人の生活空間はあまりにも狭く乱雑になって、いまや破綻を生じている。

略

力強い近代日本建築は、感傷抜きに大胆な前進をすべきである。しかしその成長には、新たな独自の表現のために、現在と過去のあらゆる生きた要素が必要である。日本はいまも過去の貴重な遺産――それは人々の無意識的習慣によって統一を保たれてきた、総合的な文化の実体である――に恵まれている。私は、工業時代に適する新しい社会形態への困難な推移は、日本人自らの文化の精神で行われなければならないと信じている。その精神は西欧の新しい技術的業績によって援助されはしても、西欧の精神を模倣することではないはずである。

「わびすき」「きれいさび」と近代

桐浴邦夫

「わびすき」（あるいは「わび茶」）と「きれいさび」は茶室を理解するための重要なキーワードである。室町末から桃山時代の茶人たちは足利義政の東山山荘をひとつの理想としていた。しかしながら京や堺の市井の文化人にとっては、そのような理想的な自然環境において茶の湯を行うことは無理であったので、市中の山居という新しい考え方を導入した。茶人たちには禅宗に帰依したものも多くいたが、心で自然を感じる空間を構築しようとしたのであった。

自然とともにあった庶民の暮しを参考に、丸太や土壁といった素朴な材料で茶室をつくり、より具体的な建築要素を省き、簡素化していった。それが「わびすき」の茶室で、その代表が千利休の茶室であろう。一方、小堀遠州の茶の湯はのちに「きれいさび」と呼ばれるようになった。利休らの「わびすき」を受け継ぎながら、しかしより具体的な自然との関係や、美しさを感じさせる要素を取り入れ、そのコントラストを楽しみながら、新しい空間を生みだした。

堀口捨己が「現代建築」として千利休をとりあげるのは、まさにその姿勢が近代（現代）建築に通底することを読み取ったからである。いうまでもなく、無駄を省き簡潔な線や面で構成されている茶室は、近代の建築家たちにとって大きく意識する対象であった。また田園都市や表現主義の考え方の中で、田舎家が着目されることもあった。茶室は庶民のつつましやかな暮しの部分を映したものであったが、堀口はそれに気付き、西洋の近代におけるその流行は、日本の場合、遡ること三五〇年以上前からその考え方があったと、茶室に対する思いを強くする。堀口にしてみれば、日本建築史に登場する過去の建築とは違い、茶室は彼の生きた時代の建築でもあった。そして茶室の研究を進め、その影響を受けた数寄屋建築を作品として世に送り出した。それは堀口のみならず近代の建築家にとっても格好のテーマであり、和室の多彩な形態が提案された。

井上靖が村野藤吾に「きれいさび」を感じたのは、簡素だけに縛られない、近代建築の多面的な展開を村野が実践していたからであった。「きれいさび」という言葉が多用されるようになったのは近代になってからである。特に小堀遠州の茶室が世間に大きく注目されるようになった昭和初期以降である。孤篷庵忘筌のように簡潔で幾何学的な構成の一部をあけ庭園の自然を見せる、その斬新さに世間は注目した。作庭家でもあった遠州の庭園は、自然との向き合い方に対して示唆に富むものであった。自然のあるがままに造り、そして人工的に仕組んだ造形を組み合わせる。そのような対立する概念を組み合わせたのが遠州であった。村野藤吾は歴史的なさまざまな建築要素を近代建築に持ち込んでいた。井上靖は建築の専門家ではないので、感覚的に「きれいさび」を村野にみていたが、分析するならば、対立する概念を彼独自のセンスでみごとに組み合わせた村野の建築は、まさに遠州の「きれいさび」と軌を一にする。

堀口捨己「初版のはしがき」

出典『利休の茶室』（鹿島研究所出版会、一九六八年）

利休の茶室、これは日本の茶室と言い代えてもあまり変わったことにはならない。それほど利休の名は茶の湯に関《かかわ》る限り、大きな在り方である。利休の茶室は、日本の数寄屋造《すきやづく》りの起こりであり、またその到り着きでもあり、そしてまたそれは数寄屋造りの盛りの花でもあった。

私はかつて利休三百五十年祭の折に、妙喜庵囲のことを書いて、次のような前書を添えたことがあった。

千利休は今日においては、単なる茶人ではない。彼は三百五十年前の文化人であり、創意に満ちた知識人であった。茶の湯という生活構成の芸術の中に、独創的な工芸品や茶室や茶庭を残した工芸家でもあり、建築家でもあった。

利休の茶室は、実際今日においては、単に茶室だけのものではない。茶室以上の建築である。彼の茶室は、建築そのものの本然の問題をはらみ、事物的《ザツハリツヒ》な要求を、いかに建築的に解いたかを物語る教科書であるように思う。そこに今日利休を探り、利休をとり上げる現代建築の立場があるのである。それは現代日本文化の務でもあるのである。

今ここに現代建築の立場で、利休の茶室をとり上げる。その事だけの中にも、既に一つの昂揚された精神を、私は自分の中に見いだすのである。既に言い古され、伝え古された利休が、実は古いものではなくて、新しいからである。言い古され伝え古されたのは、茶人達のマンネリズムの中の利休だけである。利休はその伝記についても茶の湯についても、まだまだ充分に知られていない人なのである。それらの史料は、所々に秘蔵されてはいるが、一度も集められた事はないのである。利休研究は、実に未踏の処女地なのである。彼の茶室に至っては、今までに二、三の写真と俗伝が紹介されているのみで、厳密な意味では、まだ少しも研究されていないし、紹介もされないと言っても過言ではないのである。そこに彼の三百五十年祭という記念すべき時に、新しく一つの文を改めて纏《まと》める意義は、充分に見いだされるであろう。しかも今まで打ち捨てられていた利休の茶室について、我々が何を言い得るか。この問いに対しては、全く我ながら声なき次第である。それは利休伝記や、茶会記の基礎的な史料の蒐集《しゅうしゅう》一つされていない今日には、茶室の研究をするにも、その方面の検討からしてかからなければならないのである。史料は秘蔵され、古い伝統の中に化石して、見る機会がない今日、どうしてその事が満足すべき程度に達せられようか。しかし今日でも、軒傾いた古い彼の遺構の中に、彼の意匠の生きた相《すがた》を求め、紙魚に委《ゆだ》ねた古伝書の中に、彼の創作意図の片鱗に接する時、我々の昂《たか》められた精神は、我々の情感を内からゆすぶるのである。

　彼の遺構妙喜庵は、色褪《あ》せて朽ちかけてはいるが、なお古びもせずに、輝いているその建築の宜《よろ》しさと美しさは、見る者を直《じか》に把《とら》えずにはいない。その宜《よろ》しさと美しさの中に、我々が今模索している現代建築的表現の健やかな姿を見いだし、我々は全く驚くのである。こうした彼の作品を、その史料が充分であるなしにかかわらず、この機会にとり上げて、出来るだけの史料で、一応今日達し得られる範囲を窮わめることは意義のないことではない。

　これだけを書いてみて、私は更に読み返してみるとき、あるいは言い過ぎではないかとひそかに省みた。そして私がこの度妙喜庵へ写真を撮りに行って、受けた感動が、一か月余経った今日なお少しもさめていず、以上のごとき言い表わし方で、この感動を人に伝えることが出来るかと危惧《きぐ》を抱く位である。売品の広告や為にする世辞の言い表わし方と、混同されるような結果になりはしないかを懼《おそ》れながら、なおも私の感動を、充分に伝え足りない気持ちを抱くのである。

　妙喜庵の躙《にじ》り口《ぐち》から中へ入った時の感じを、もっと卑近な表現を取るなら、脊すじの中へサッと何ものかを受けた感じである。私はぞくぞくとして　全く我を忘れた。

魅せられるというのは、こういうことであろう。こういう感じを受けるものは、そう多くあるものではない。茶室の中では、織田有楽の如庵があり、それにつづいて小堀遠州の竜光院茶室があろうか。その他なお二、三ありそうに思われるが、しかし大分へだたりがある。茶室ではないが、桂離宮の御車寄などの前に立つ時や、三月堂を裏から奈良朝時代の部分だけを見上げた時などには、同じ感激を覚えた記憶を持っている。利休の作品でも妙喜庵ほどの感じを与えるものは、いまだ他に接したことがない。言いかえれば、妙喜庵茶室あるがために、利休のえらさを知るのである。そして今は既に亡びた数々の彼の作品を古茶書にさぐり、この妙喜庵茶室を生むだけの充分な力を、肯《うべな》わざるを得ないものに、私は出会ってますます意を強うして、讃えたく思うのである。

これが嘗て書いた前書の一節である。利休について抱くこのような心持ちは今も少しも変わっていない。利休の宜しさや偉さは、あるいはその好ましさ、時には恐ろしさは、私にはいつもこの妙喜庵囲を通って来る。利休の妙喜庵囲なしに、私には利休はなかったかも知れない。私は常に妙喜庵囲を通して利休を見る。またこれを通して数寄屋造りを見るのである。しかもそれは日本の数寄屋造りを。数寄屋造りの意匠理念は、今も建築の理念として、世界に生きている。そのような数寄屋造りを。

利休の茶室を見るに、私は常に日本の建築史の上において把え、建築史全体の関《かかわ》りにおいて、見ようとしている。謂う所の数寄屋や囲は小さいが、拠って来る所は大きいし、深い。及ぼす所も同じく、大きく深くまた広いのである。私は日本の住宅の寝殿造りと書院造りとの中から生まれ出て来た数寄屋造りを明らかにしようとしているのである。少なくとも日本住居史の三つの大きな様式としても寝殿造り、書院造り、そして数寄屋造りを、様式的な性格付けとその生れ、育ち、栄えを把えようとするのが、私の茶室研究の目あてなのである。この書は、利休の名に関《かかわ》るものだけに限ったのではあるが、この書に辿りつくまでに、私はこの二倍近い頁数を、この問題に費やしている。それは「書院と茶室」という題のものであったが、しかし不幸にして、それは本になるばかりになって、太平洋戦争の犠となってしまった。発行所の事務所と、印刷所と、そして私の事務所と、三つの空襲の折に、三度にわたって、三つの別の所で、根こそぎ灰になってしまった。その四分の一、約二百頁近い校正だけが、手元にのこった。それは書院造りの庭にかかわる所だけであるが、今はやむを得ず、その所だけでもと、この書と同じく版にしようとしている。それはこの書の中の茶庭につながる部分である。この書の中心である書院造りと茶座敷の先駆をなした部分は最も私の力を入れた処で、なかなか元の形に戻せそうにない。これは闇から闇に、葬られて行く宿命《さだめ》であったのかも知れない。その中の骨組の一部は、私の学位論文になった処であるから、まだこの世に残されているはずなので、折を見て、また再びそれに肉付けをして、世に生まれ出る時がないとは言えないかも知れない。それは寝殿造りから書院造りが育って来る様を明らかにし、足利義政の東山殿を一つの頂として、室町時代中頃に、初期書院造りの完成を主に見た調べであった。そこに、既に後の茶座敷の芽を見て来たことは、茶合せの茶の中に、利休の茶の胚を観たと同じであった。先に位すべき書物が出ずに、今それの続きの利休の茶室が、世に先に目見えるということは、私にとってはなかなか辛い思いである。それは前の書き物を受けて、これは述べられている処が少なからずあるからである。しかしいずれの日かを期して、またそれも世に送るべく努めよう。私はこれにつづいて、なお織部や有楽や遠州や、その他の多くの調べるべき目当てのものを残している。どちらにこののち向かうべきか、今は心を決めていない。またこの「利休の茶室」は前に書いた「利休の茶」と共に、一冊に纏《まと》めて刷りたかったが、紙の都合で、それは二つに分けて刷ることにした。「利休の茶」は利休の茶室が、拠って来る茶の湯の思想的な向《むき》を纏《まと》めたものである。その思想の源から、利休の造形的理念も育《はぐく》まれて出ていたのであったから、この書の前に、当《まさ》にありたきものとして刷られるべきである。しかしそれは既に「思想」誌に載せたものが主になっていたから、今は新しい稿を先に取りあえず出すことにしたのである。いずれその「利休の茶」も遠からず刷られ得ると思う。

このなかに収めたもののうち、「利休書院残月亭」と「妙喜庵囲」だけはかつて雑誌に出したものに手を加えたものである。

戰の災は、この書き物の世に出るのを著しく遅れさせたが、今や焼け野原と成り果てた都の一隅に立って、思いも掛けぬ所に、表われた円やかな富士と太陽とを、まともに見ながら、新しい日本の出で立ちを祈りつつ、私は私の新しい踏み出しとしようと考えているのである。

昭和二十年十月の日に　目白の焼け残りの家にて

井上靖

「きれい寂び――「村野藤吾氏の「茶室」序」

出典 『きれい寂び――人・仕事・作品』（集英社、一九八〇年）より一部抜粋

村野先生が身に着けておられるものと、〟きれい寂び〟という言葉の持つその意味内容が、どちらからともなく偶然にぴたりと合致した感じで、ひどく気持よかった。爽やかだった。

村野先生にお目にかかるずっと以前から、私は〟きれい寂び〟という言葉が意味している実体が摑《つか》めないで、ああでもない、こうでもない、そんな長い時期を持っていたのである。

言うまでもないことであるが、〟きれい寂び〟はお茶の世界の言葉である。辞書をひくと、〟華やかなうちにも寂びのある風情〟ということになっており、特に小堀遠州の好みを説明する時などに使われる言葉であると説明されている。しかし、〟きれい寂び〟は〟きれい寂び〟として、今や遠州から切り放《はな》して、独自な美の範疇を言い現わしている言葉として受けとっていいだろうと思う。華やかなうちの寂びということは、反対の言い方をすると、寂びの中にある華やかさということになるが、おそらくそのように言ってもいいものであろうと思う。

建築史家、建築家が語る和室

上西明

大正時代に生まれ、ほぼ同じ時代をすごした建築史家、建築家によるエッセイを、ここでは取り上げた。日本建築の伝統を、合理的思考、客観的思考のもとに再解釈する姿勢に共通点がある。

建築史家伊藤ていじ（一九二二-二〇一〇年）は、昭和三〇年代、日本中の民家をたずね歩き、名著『民家は生きてきた』（一九六三年）を著わした。その後、伊藤は、一九六三年から六五年にわたってワシントン大学で教鞭をとっていた。その時の英文の講義ノートを基にして生み出されたのが『日本デザイン論』（一九六六年）である。その「あとがき」で、「できれば日本語で書いたものが、そのまま英語になって、しかも国際的な評価に耐えうるのが好ましいあり方ではないだろうか。どうも私には、日本人の頭の中は針金たわしで洗って、いっぺん合理主義の洗礼を浴びせておく必要があるように思われてならない。」と記している。色即是空のような日本的発想に基づくことばではなく、外国人にもわかることばで、日本のデザインを説明しようと試みていたことを述べている。

ここで取り上げた「雪見障子」は、一九七九年から一九八〇年にかけての連載エッセイをまとめた『民家に学ぶ』から選んだ。障子、フスマなどの引き戸は、和室をかたちづくる重要なエレメントである。開け閉めすることにより、外の風景は、さまざまなかたちでふちどられる。そのなかでも、障子が一部上がり下がりする雪見障子は、とりわけ工夫をこらしたエレメントと言える。伊藤ていじによる雪見障子についてのエッセイは、明晰でわかりやすい文章により、その成り立ちと工夫について活写している。

建築家清家清（一九一八―二〇〇五年）は、「私の家」（一九五四年）などの一連の住宅作品の設計で、戦後日本での新しい住宅像を生み出した。一九五四年、ワルター・グロピウスは来日して、桂離宮などの日本の古建築を見て回ると同時に、ある雑誌の写真で見かけた、清家設計の小さな住宅を見たいということで、その住宅を訪れることになった。グロピウス夫人の日記によると「今日始めて日本の伝統と近代技術をうまく結合させるのに成功した人を見出しました。その人は清家という人で、ワルターは彼が設計した二軒の家を見て感心しました。」と書き残している。清家は、帰米したグロピウスから誘われ、約一年間、グロピウスの下で過ごすことになった。

ここでは、「住まう」ということについての、やわらかく深い思考を、その創作や著作にくりひろげた建築家清家清によるエッセイ「壁」を選んだ。そこでは、日本建築と西洋建築のちがいについて、わかりやすく記述されている。木の柱（タテ材）と梁（ヨコ材）を組み立てる構造でできている日本建築の家は、開口部を大きくとることができ、そこに障子、フスマを入れ、自由自在に開け閉めすることができる。障子、フスマは、日本建築の構造と不可分の関係にあることがわかる。

伊藤ていじ

「雪見障子」

出典『民家に学ぶ』（文化出版局、一九八二年）より一部抜粋

雪見灯籠は江戸時代からあるけれど、雪見障子は昭和になってから考案されたものである。だからそれはごく近年のことでありながら、誰が発明したのかよく分かっていない。戦前でもそれはあったけれど、広く使われるようになったのは更におくれ、戦後も昭和三〇年代以後のことである。

障子の下半分を透明な板ガラスにし、上半分を紙張りにし、ガラス窓の部分にはそれをかくすことのできる上下する小障子をつける。もし外を見たければ、この小障子をあげればよい。小障子は軽いから、摩擦の抵抗だけでどの位置にもとまってくれる。もっともこの頃はちょっとした金具でとめておくことができるようにしている場合が多い。

もっとも雪見障子と似たものは、すでに江戸時代にあった。猫間障子というのがそれである。坐った人の目の高さほどの位置に小窓をあけ、そこに左右に動く小障子を入れたものである。江戸時代の日本のことだから、窓に板ガラスは入れない。こういうのがなぜ猫間障子といわれるのか、理由は分からない。辞典にも出ていない。しかし俗間ではずっと言いならわされてきたし、戦前だけれど私も見たことがある。

十二月二十八日は餅つきの日である。子供たちは邪魔だというので、土間や台所から追い出され、居間の火鉢で手をあぶりながら、猫間障子の小窓から餅つきに見入っていた。これは友だちのひとりの家の風景であった。ふだんは居間に坐っているお母さんが、土間での仕事や土間へ入ってくる人を見るために使われているというこ

とであった。子供心にもちょっとしたアイデアのものがあると思ったけれど、戦後にはこの障子はなくなっていた。

だから猫間障子は室内用だったのである。このアイデアを借りて外との仕切り用に転用し、大きな板ガラスを入れたところが、考案者のみそというものである。私が初めて雪見障子を見たのは昭和十二年のことであるが、障子下半分をしめる一枚の板ガラスを見て、まあなんとぜいたくなと思った。なぜならその当時のガラスの一枚は、三十センチか四十センチ四方くらいのものと思いこんでいたからである。今はこうした大きさの板ガラスを、至って安価に手に入れることができる。この雪見障子の出現のおかげで、室内と庭とのつながりは多彩なものとなった。小障子をおろしてガラス窓をふさげば、外の風景は見えない。乳白色の障子紙を通してやわらかくおだやかな光が、室内を包みこんでくれ、時にはその障子紙に、庭木の枝の影や池の水面で反射する波紋のゆらめきが映る。

つぎに小障子をあげるとガラス窓を通して、外の風景は額縁のようにふちどられて、一幅の絵となる。しかも下窓にはガラスが入れてあるので、冬でも冷たい空気は入ってこない。文字通り、この上ない雪見のための障子とすることができる。こうした室内と庭とのつながり方は、昔の障子にはなかったものである。

そして四枚引きの障子の開口部なら、中央の二枚の障子を左右に開けば、今度は大きな額縁が生まれ、長くつきでた軒の裏までも見ることができる。これは昔からよくある障子のあけ方である。

さらに障子をすべて取り払えば、部屋の前面のすべてが開口部となってしまう。伝統的な住宅では、夏の季節にはごく一般的に行なわれてきた習慣で、普通には開口部の左右にすだれをかけて、巻きあげておく。

雪見障子はこのように、四種類の空間演出法を、私たちに与えてくれたのである。

清家清

「壁」

出典『建築と生活』(学生社、一九七八年)より一部抜粋

日本建築とか西洋建築ということばがありますが、さて、西洋建築というのはどういうので日本建築というのはどういうのか定義をしろといわれると、「畳の敷いてあるのが日本間といい、板敷きの室を洋間というから、日本間のある建物を日本建築といい、板の間のある家を西洋建築というのだ」というひともあります。お宮の拝殿は板張りですが西洋間でしょうか? これなどはまだいいほうで、ひどいのになると、「木造が日本建築でコンクリートが西洋館だ」とあっさり片付けてしまうひともあります。まるで、西洋には木造の家がないみたいですが、そう簡単に片付けられるものでもありません。

略

縁側などといって、夕涼みをしていると簡単に見のがしてしまう場所にしても、よく考えてみると、それは日本独自のもので西洋風の考えかたからすれば、出入口ともいえるし、大きな窓とも思えるわけで、西洋人にしてみればずいぶん思いきったデザインだと感心するところのしろもののようです。

もともと英語の窓ということばは、すなわちwindowですが、これは風の目という意味で人間が出入りするところではありませんから、日本式の縁側を窓と考えるのは少し無理があるかもしれませんが、近ごろの西洋建築をみていますと、日本建築の縁側と同じアイディアの窓がたくさんみうけられます。とくに鉄骨やコンクリートのラーメン構造の建物がほとんど日本的な柱と梁《はり》の意匠に発想しているのを考えてみますと、西洋のこうした梁と

柱（port and beam）構造が、日本建築が伝統的に踏襲してきた様式の模倣から出発しても、べつにおどろくには当らないのではないでしょうか。

パリで会ったある批評家が、「近代建築について考えてみると、日本人は優位にある。それは、近代建築が日本建築の伝統である柱と梁の構造の展開であるのに比べて、我々ヨーロッパの建築は、そういう伝統をもっていない」といっていました。私はそういう見方もあるかと思って感心したのですが、今まで、私たち日本の建築家は西洋建築の真似をどうやってうまくやるかということばかり苦労してきたのを、お世辞かもしれないにしても西洋人が日本建築の真似をはじめていると聞かされてはすこしビックリしたわけです。

しかし考えてみれば確かにそうなので、西洋建築は煉《れん》瓦《が》や石を積みあげた構造に、大理石の彫刻やフレスコの壁画をゴテゴテと飾りつけたものを指して、我々は西洋建築の真髄と教えられてきたわけで、少くもローマの伝統のうえにある西洋文明はこうした石積みや煉瓦積みのうえに、ことば通り、積み重ねられてきたといえましょう。ローマは一日にして成らずといわれたのも、こうした畳積方法による建築方法からもいえることばであって私たちのよくある上棟式の類のように、現場にもちこむとその日のうちに成ってしまうような方法は、少くも建築については、西洋人は全然考えてもみなかったことだと思います。

そういう点でも、プレファブリケーションとか、ポストビーム構造というような、組立てる構造と、煉瓦造や石造のような積み上げる構造とは根本的にちがっているわけで、近代建築が、日本建築の伝統の上にたっているというような、不思議な、しかし、うれしい誤解も生まれてくるように思われました。

作家が語る和室

上西明

作家が語る和室は、時として、そのエッセンスを見事に切り取る。浅田次郎の短いエッセイも、その秀逸な例として挙げることができる。木と紙でできている家、障子やフスマのようなスライドドアでできている家。家には「入る」のではなく、履物を脱いで「上がる」こと。畳や床の上にぺたりと「座る」こと。畳にふとんを敷いて「寝る」こと。世界を旅しているうちに気づきを得た浅田の観察眼は行き届き、描写は的確で、その本質に迫っている。

和室のサイズは、六畳間、八畳間のように、畳の枚数で表される。また一枚一枚の畳のサイズは、人体のサイズをもとにつくられてはいるが、地方により少しずつ異なり、それは「江戸間」「京間」のように言い表される。畳は、家の建て方、つくりかたの共通ルールの基となり、六畳間、八畳間のような畳の枚数表示によって、その部屋は呼びならわされてきた。

少年時代、台湾にあった「日本人の家」で育ち、いまは日本語を読み日本語を書く作家リービ英雄は、日本における自らの住まい遍歴をたどる。三畳間から始まり、四畳半、六畳と進み、今は八畳と次の間の家に住み、そこには西洋にはない感性が生活文化の細部までしみこんでいることを見てとっている。内側からでもない、外側からでもない、リービの経験のなかで育まれた眼により、日本の家を記述することに成功している。

　世界中からの来訪者を迎える京都の老舗旅館「俵屋」は、それを支える職人たちで成り立っている。作家村松友視は、かれら仕事人たちを丁寧に取材し、一冊の本にまとめた。天然の植物素材からつくられる畳について、オモテになる畳表の材料である藺草《いぐさ》、オモテの基盤となる藁床《わらどこ》について、畳職人の語りを丹念に書き、わかりやすい文章へとまとめあげている。長く使い続けているうちに生じる差が、どこにあるか。オモテには見えない材料、工夫、職人の知恵のありかが、少しずつ見えてくる。

浅田次郎
「木の家と石の家」

出典 『見果てぬ花』（小学館、二〇二〇年）より一部抜粋

世界を旅しているうちに、私たち日本人の住居が、すこぶる特殊なものであると気付いた。

いちいち履物を脱いで家に上がる。そう、「入る」のではなく、「上がる」のである。

扉ではなく引戸、つまり襖《ふすま》や障子のようなスライドドアが出入り口の基本である。

畳や床の上にぺたりと座る。欧米人も中国人もこの習慣は苦手で、とても窮屈に感ずるらしい。

座敷に夜具を敷いて寝る。これも案外のことに日本固有の習慣で、温泉旅館を初めて訪れた外国人観光客はみな等しく、「どこで寝るの？」と思うらしい。

いや、何よりも特殊であるのは、家屋が木と紙でできている。たとえば、この原稿を書いている書斎だって、木と紙以外の建材は見当たらぬ。さすがに三方の窓はアルミサッシだが、それも落ち着かぬので内側にはすべて障子を嵌《は》めてある。

堅牢なコンクリートの家やマンションにお住まいの方でも、インテリアには伝統の木と紙を、少なからずお使いであろう。生活がどれほど合理化されようと、日本人の心と体は木と紙になじんでいる。

むろん、木材や紙材が豊富であったせいもあるが、やはり湿度の高い気候には、石材よりも適しているのであろう。

しかし、木と紙は燃える。家屋が密集していれば延焼する。よって「火の用心」は日本人の合言葉になった。

寝る前には「火の元」「戸締り」を確認。家を空けるときには、いちいちガスの元栓を締める。住宅設備がいくら進歩して安全になっても、木と紙の家に住み続けてきた私たちの常識である。

リービ英雄

「未舗装のまま」

出典『模範郷』（集英社、二〇一六年）より一部抜粋

青春時代から中年期にかけて、数えれば三十軒あまりの、都内の木造アパートをぼくは転々としてきた。本郷の三畳から、中野の四畳半、高田馬場の六畳に半畳の台所、早稲田南町の未亡人の家の二階の貸間、何とかアパート、何とか荘、何とか寮に住み、やがては路地の奥の崖の下、駐車場とも庭ともつかない狭い空間から竹が生える、第一東京オリンピックの前の年に建てられたという木造家屋に入居した。

住処を転々としている間に、日本人の、特にぼくと同じ若い人が誰でも住んでいた「木造アパート」がいつの間にか、「古い木造アパート」に変った。ぼくも部屋を探すときに勘違いされないように「ワンルーム・マンションではなく木造アパート」とわざとこだわるようになった。

都市の姿が変った。「古い」物件が少なくなった。異国籍が故にただでさえ見つけにくい住処なのに「どうしても、木造」とこだわる自分のことを、ときどき自分でも不思議に思った。

「古さ」への執拗なこだわりには、西洋人が「日本的」な空間に執着するという心理が働いていたのだろう。しかし今振りかえると、「木造」へのオノセッションの底には、たぶん、もう一つの動機があった。ぼくが、一軒に入りしばらくするとまた別の一軒に入り直し、そのことを三十年繰り返していたのは、「日本的」に違いないが、必ずしも現実の日本にだけ存在していたわけではないところを、無意識に探し求めていたからかもしれない。

日本人の家にぼくは三十年間入りつづけていた。入るたびに、西洋人なら誰しもがすぐに気がつく、西洋にな

い感性が生活文化の細部にまでしみこんでいることを面白がり、ときには感動もした。分らないことがはじめて分ってくるという、異国でしか味わえないよろこびを、存分に味わった。

略

ぼくが日頃原稿を書いているのは、古い家の二階にある、「江戸間サイズ」という昔の大きさの八畳の和室である。広いはずの部屋は、しかし何年も使っているうちに、本と原稿とCDとワインの空きびんの下からわずかに一畳か二畳ほどの畳しか現れない。普段はそこで日本語を読み日本語を書き、その合間にはかなり色あせて黄ばんだ障子を、インスピレーションを求めてゆっくりと眺めることもある。

日当りのよくない八畳の和室だが、実はその奥にはもう一つの和室がある。崖の傾斜の上に建つ、より小さな部屋は、さらに日当りが悪く、昼間も電気をつけないと使えない。

その部屋を読み終えた書物や見なくなった書類の物置にして、襖をあけて中へ入ることはめったにない。

半世紀ぶりに台湾の家を探しに行き、その旅から東京に帰ってきた日、ぼくは江戸間八畳の部屋の座卓の前に座って、原稿用紙を広げた。

村松友視

「畳と簾の静謐」

出典『俵屋の不思議』（世界文化社、一九九九年）より一部抜粋

「井居畳店」は、きわめて畳屋らしい店構えだった。だが、「八坂神社御用達」「大本山南禅寺御用達」の文字が、京都の老舗らしい匂いをかもし出している。そして、そこにならんだ畳表の束が、これまでに私が目撃したものとは格がちがうらしいことを、引戸をあけて入ったとたんに感じた。中に入って目がなれるにしたがって、きちんと仕分けられた畳表の質感が、あざやかに伝わってくる。「井居畳店」二代目で七十二歳という井居二郎さんは、温厚で実直そうな人柄がにじみ出た笑顔で迎えてくれた。仕事は三代目である息子さんが継いでいるという。井居二郎さんは半分隠居という立場なのかな……私はそんな感じを受けた。いま、住みこみの職人が二人（いずれも他処《よそ》の畳屋の息子）いるが、いざというときにはここから出た職人が手伝いに馳せ参じてくれるという。

「井居畳店」は昭和七年に井居二郎さんの父親である初代の手によってスタートしたというから、創業六十六年ということになる。

畳……というと何となくイメージが浮かぶようだが、その実体が何であるかということになると、いまひとつぼやけている。まず、畳の材料は藺草《いぐさ》だ。いまその藺草は、広島（最高級の備後表）、岡山、九州の八代、熊本あたりの専用農家くらいしか栽培していない。その藺草を、畳表に織ったものを、「井居畳店」では仕入れている。独特の泥の中へその藺草をつけて乾燥させてから畳表に織ると、本来の刈りたての藺草の青さが保たれるという。真新しい畳表の白い粉は実はその泥と聞いておどろいた。

「俵屋」は、このような藺草によってつくられた畳を、「井居畳店」へ発注しているのだが、そういう畳は藁《わら》の

床を使っている。畳の台、すなわち床は本来藁でつくられるのだが、当世は発泡スチロールや、段ボールを圧縮した床になっている。井居さんの話によれば、畳表を替えるたびに何度も縫って、針を通しているうちに、この二つの差が出てくるらしい。また、何度か畳の上を踏んでいるうちに、発泡スチロールはしぼんで、へたばってゆく。しかし、藁床は、いくら踏まれても耐える力が持続する。だから、藁でつくられた床が基本となる。ところが、藁で畳の床をつくる職人を「床屋《とこや》」と呼ぶのだそうだが、その専門職が京都近辺にはなくなってきた。

「井居畳店」は、長いこと滋賀県から床を仕入れてきたが、その「床屋」がすでに家に藁の在庫がないし、韓国から藁を仕入れてまで仕事をつづける気がしないというので、商売をやめようかと言い出しているようだ。

私は、かつて子供の頃に畳表が無造作に剝《は》がされるのを何度も見たのだが、あの剝がれた内側の〝床〟にそれほどの等級の差、本物とイミテーションの差があるとは想像していなかった。そうなると、畳表にはもっとあざやかなグレードの差があるのだろう……私は、無造作とも言える趣でつみ上げられ、列《なら》べられた畳表の束を、そんな気分でながめた。とりあえず、広島で栽培した藺草と、滋賀県の「床屋」がつくる〝床〟が、「井居畳店」の基礎となっていることが、私にもおぼろげながら見えてきた。

映画のなかの和室

上西明

映画は、時間の流れと共にある。小津安二郎の映画で登場した和室については、美術を担当した下河原友雄の証言が残っている。「あの間取りと部屋の大きさは、シバイとシバイの間《ま》で出来てるんです。一方が立ち上がって何歩あるいたあたりに、片方のショットが入るんだから、何畳ないと何歩あるけないとか、玄関から入って来て誰かが二階に上がって行って二階へ届くまでの時間というのは、このくらいだから、そうすると廊下が何尺なきゃいけないとかということがある訳ですよ。…それが、セットを全体的に、多少間のびさせましたが、ね。」小津は、いつも演技の時間をストップウォッチで計測していたという。

畳に座り、話をし、食事をし、眠り、立ち上がる。そこでは、椅子の生活にはない時間の流れがある。和室で行なわれる「ふるまい」が、その時間の根底にあったと言える。畳に座った生活（ユカ座）からは、椅子での生活（イス座）のように、すばやく立ち上がることはできない。それが、映画の時間にふかく影響し、テンポの遅さにつながっている。時間と空間は、相互に影響しあっている。それらに対して鋭敏な感性を持っていた小津や溝口らの語りのなかに、和室の特質を味わってほしい。

永田雅一（大映社長）、**小津安二郎**（映画監督）、**川喜多長政**（東和商事社長）、**大沢善夫**（大沢商会社長・旧東宝映画社長）、**溝口健二**（映画監督）

「映画界これでいいのか」

出典『中央公論』（一九五五年一二月号）

永田　特に僕が、溝口、小津御両所に言いたいことは、ストーリーもテーマも立派でなければならないが、一番大切なのはテンポという問題だ、僕はこの間ニューヨーク、ホリウッドへ『楊貴妃』を出したが、そうするとね、逆効果を来したのはテンポがスローだから、よくわかったというんだ。（笑）

川喜多　日本の観衆といっしょに日本の映画館でみているとそう感じないが、向うの生活へ入ってみると、日本映画のテンポはひしひしと感じられるね。

編集部　そのテンポの問題で、小津先生のものはテンポがのろいと言われておりますが、如何ですか。

小津　おそいですね。

永田　二人ともそうだ。

小津　いま、のろいと思っておりませんがね、まア、田舎の汽車がのろかったり、横須賀線がのろかったりね。

溝口　日本の生活のテンポがかなりのろい、坐って挨拶したりね。

小津　われわれの出すものは、そのテンポでなければならないということはありませんが、これは研究していなければならないと思いますね。

溝口　畳の上で議論していて、一人が立ちあがる場合でも、たとえばかなり怒らないと立ちあがれない。椅子だとスーッと立ちあがれる。

小津　畳なら動かすことそのものの性格が違ってくる。これは動かすんじゃないんだ。坐っているのが一番自然なんだからね。

溝口　畳の上はなかなか動けない。『お蝶夫人』の時だって日本座敷では動けない。

川喜多　前に『源氏物語』をカンヌの映画祭に出して、大勢期待をもって見ていたが、あれはユウユウたるテンポですから、お客が遠慮なく映画館を出ていっちゃうんです。つらくなると一人去り、二人去り、最初の三十分ぐらいのうちに百人か二百人出ていった。それでハラハラして見ていたら、三十分ぐらいのうちに百人ぐらい出ましたが、それからあとピタリととまって、最後はえらい拍手です。一緒に見ていた向うの友人に、どういうわけだろうといったら、自分たちも初めテンポがちょっとつらかった。出たいような気がしたけれども、日本映画はめったに見れるものじゃないから、しんぼうしようと思って見ているうちに、あのテンポの中に入っていった。そのうちよさと美しさを発見して引っぱられていったというんです。

小津　速いからいいとか、遅いから悪いとかってことじゃなくて、引っぱるだけの力がないんですね。

大沢　遅いと感じさせるのは、間が抜けているんだな。

永田　その通りだけれども、テンポが遅いというのはつらいんだ。

溝口　むずかしいんです。

本書の再録は稲垣晴夏氏（国立映画アーカイブ）の教示による。

参考文献

・五十嵐太郎「建築家としての小津安二郎」（『デジタル小津安二郎展』図録、東京大学総合研究博物館、一九九八年）

昭和初期の〝畳〟を巡る生活の再評価の動き

内田青蔵

明治初期に近代化を進めるために掲げられた富国強兵・殖産興業を実現する方法として採られたのが、〝洋風化〟だった。上流層の人々は、生活スタイルそのものも伝統的な衣食住を捨て、欧米をモデルとしたものに転換することをめざし、伝統的な和館の脇に接客用の場として洋館を置く、和洋館並列型住宅をいち早く誕生させた。こうした新しい住宅づくりの動きは徐々に広まり、明治末から大正初期には、中小規模住宅でもユカ座の伝統的住宅の玄関脇にイス座の応接室や書斎を一、二室備えたものが出現することになる。

一方、この頃になると、衣服や食事などの衣食分野でも洋風化が進み、住宅内の生活や備品などの和洋の混在が表面化することとなる。こうした洋風化に伴って生じた和洋の混在した生活は〝二重生活〟と称され、不経済で無駄が多いと批判にさらされることになる。

そして、大正期になると、この〝二重生活〟からの脱却をめざした住宅改良・生活改善運動が展開され、洋風に統一した生活の場としての住宅を理想とし、起居様式も伝統的な〝ユカ座〟から〝イス座〟への転換が主張されたのである。

大正五（一九一六）年、民間団体として大きな影響力を持った活動を展開したことで知られる住宅改良会が創設された。住宅改良会では、機関誌『住宅』を発行し、住宅改良として洋風化への啓蒙活動を積極的に展開した。会主の橋口信助は、創刊号の「旧き家と新しき家」のなかで「改良未だ住宅に及ばず」とし、第二号「新旧住宅の長短」では、「上流社会は大抵日本館と西洋館とを併せ有していて、これも確かに進歩の一端であるには相違ないが、更に進んでこれが全部西洋式（腰掛式）に改良されたならば、其の経済上の利益といふものは有形無形に非常な大なるものである」と主張した。そして、第四号「新旧住宅の長短（承前）」では畳に座るという伝統的な起居様式が住宅改良の妨げとなっているとし、畳に座る行為の肉体的負担や畳のもたらす非衛生な住環境などを問題視し、畳の存在を強く批判した。このように大正期に行なわれた住宅改良・生活改善運動では、畳はさまざまな側面から問題視され、畳を捨ててイス座へと進むことが主張された。

ただ、関東大震災後の住宅改良・生活改善では、理想的生活を求める動きよりも現実的観点からの住まいづくりが展開された。そうした中で、伝統的な畳に座ることを捨て切れない現実生活を直視し、現実生活の中で浸透している畳敷きの和室とイス座の洋室の混在する〝二重生活〟を否定するのではなく、ユカ座とイス座の二つの起居形式の混在する住まいは、畳に座るユカ座文化のわが国でこそ生まれた独自の形式であるとして評価しようとする動きが表出することになる。この「畳の再認識」はそうした時代の中での畳やユカ座、さらには二重生活の評価の変容の様子が見事に表現されているのである。

ところで、この二重生活の浸透の様相を伝える「畳の再認識」を書いた著者の都冠二がどのような人物であるのかは、実は不明で、その詳細がわからない。建築家なのか、あるいは、異なる分野の人物なのか、知りたいのだが、全くわからない。しかも、この記事を掲載した住宅雑誌『住宅』を見ると、都冠二のものは、この一九三二年に集中し、他には見られないのである。

ちなみに、都冠二の記事を挙げると、一九三二年六月号「家の無駄」、七月号「畳の再認識」、八月号「住宅の美」、一〇月号「台所について」、一二月号「床の間の意義」の五編である。

「家の無駄」では「生きた無駄、必要な無駄、これを捉へねばならぬ。これこそ、住宅建築設計の要諦である」とし、無駄を排除し合理化を求める近代建築を批判している。また、「住宅の美」では「住宅美とは甚しく人間的なものであり、それは、建築家とこれに住む家庭によつて作られ、この両者の好もしき融合によつて完全に発揮されるものである」とし、建築家の芸術作品をめざすだけの姿勢を批判している。また、「台所について」では、合理化され狭い空間に押し込まれた台所のあり様を批判している。そして、最後の「床の間の意義」では、「床の間とは、美を愛する日本人の作つた、芸術の世界」であるとして、床の間も持つ意義を説いている。また、ここでは「日本文化が、種々の外来文化を咀嚼吸収して、巧に自家薬籠中のものとなし得たのは、この日本人のエラスチツクな性格を語るものではなからうか。現行行はれる二重生活も、矛盾を感じない迄に征服し得たのは、全く、このエラスチシチの故である」と述べている。

「畳の再認識」では、フランスの哲学者アンリ・ベルクソンの創造的進化の原動力を意味する「エラン・ヴィタール」という用語で、二重生活の浸透の理由を論じ、また、「床の間の意義」では、融通性（順応性）といった意味の「エラスチック」という言葉で日本人の性格と日本間の共通性を論じているのである。こうした解説を見ていると、建築家というよりも文学や哲学あるいは芸術の分野に詳しい人物のように思われる。

都 冠二

「疊の再認識」

出典『住宅』第一七巻七月号（一九三二年七月発行）より一部抜粋

1 二重生活

遠く藤原期に於て定式化した、所謂純日本生活を一面的に純粋なものと考へ、明治以來舶來の西歐外國文化を目して他の一面となす時は、明に現代は二重文化、二重生活の時代である。しかも、それは單純なる二重ではない。今となつては到底抜け切れぬ、如何ともなし難い二面的な生活形式である。二重生活――その字からは複雑と煩鎖とが豫想せられる。又事實、煩鎖で苦んで居た。所が、煩鎖も煩鎖と思へず、そこに生ずる複雑も便利と置換せられ、何時となしに、この不自然らしい二重生活の中に安住して了つたのが、現在の日本の狀態なのである。

電車、汽車、汽船、自動車、航空機、及び病院會社等の文化的乃至事務的機關施設、其他、劇場、カフェー、喫茶店等の娯樂機關の何れもが、稀な例外を除いて、凡て、所謂西洋式生活形式を原則として居る。――振袖、オカツパのマドモワゼルが安樂椅子で脚を組み、洋服の膝を折り刺身で酒を飲むのが、板について來た時代なのである。

これが果して二重の生活であらうか？　洋式と和式との混然――否、寧ろ、渾然として居る現在の狀態、それは、一面的と呼ぶ方が却つて正しい認識ではなからうか？

否！　否！　現在は實に過渡期の時代である。軈ては整理され、秩序立つた生活形式が生れる時が來る。現在は正に、その前の混沌たる時代なのである。それ故に、洋式と和式とのかくも混雑した、複雑極まりない生活様式が行はれて居るのだ。――

如何にも然り、である。併し、この議論は全部そのまゝでは肯定出來ない。そこには尙一つの疑問が殘る。それは、何時になつても完成の時といふものは絶對に來ないといふ一事である。一つの目標乃至理想に向つて進行して居る中に、少しでもその目標に接近し得たことを認識出來る頃になると、更に第二の、一層高度の目標が出現する。これは辨證法である。歴史上、或る文化が現れる時は、必ずこれに對立する文化が生じて來る。こゝに両文化の綜合によつて高度の文化の出現となり、更にこの新文化はその對立を生む。かくして人類の文化は絶えない。絶對の完成期に到ることは決してない。それ故に、何時の時代もそれは過渡期である。1932年が過渡期であると等しく、685年も亦過渡期であつた。何時の時も停止してはゐない。エラン．ヴイタールである。

現代、それは遠き大理想に向つて進む過渡期である。併し、これを一つの定形式として考へることも出來る。又、これを或る一應の定形式に向ふ道程とも見られないこともない。凡ては研究態度である。方法論である。

今、私は現在の二重生活を目して、ある形式化と見乍らも、更に高度の一應の定式化に向ふ道程と考へたい。

生活――これは普通、衣、食、住に別けて考へられる。現在の生活全般、即、衣食住凡ては救ふべからざる二重生活に陷つてゐるのである。これは現在の日本の社會が、寧ろこの二重生活形式を要求して居るのである。官廳、商店、會社、工場其他の生産組織、經濟機構の諸組織は勤勞階級に洋服乃至洋式を強いて居る。制服といへば凡て洋服である。今、中年者で洋服を持たぬ人と言へば寧ろ珍しがられる。食物に至つては、その性質上の簡便さの爲、容易に洋式と混じ易い。ホテル其他大食堂が殆ど洋風料理で統一されて居る現狀である。

併し乍ら、住居にあつては、衣食と異り、その經濟的な制限に左右されて、二重生活即和洋混合――和洋折衷、和洋融合は、今や常識となり、輿論となり乍らも、未だ實際的には解決されては居ない。

2 日本住宅

ある土地會社が住宅の建て賣りをやつて居る。スパニツシユ、ミツシヨンや数寄屋がかつた和洋折衷の家や、若い技師達の手になるライト式、コルビジエまがひの純洋風の家など、黑、赤、青の瓦、スレート等の色とりどりの美しい小住宅が建ち並ぶ。――軈て其處へ次々と荷物が着いて、レースのカーテン越しに燈火が輝き初める。所が見るもすつきりとしたエレヴエーシヨンを持つ純洋風の家には、何時まで經つても人の氣配がしない。――純日本風の家は案外に早く賣れるが、純洋風の家へは中々人が入らない。これが現在の一般である。これは何故であらうか？

洋式の生活形式は凡て簡易で便利に出來てゐる又凡てが合理的である。動作に便利であり、能率的である。又、衛生上、保健上頗る優れて居り、耐久力の點から言つても、到底日本式の比ではない。その上、社會生活上、洋式生活は何等の支障も來さないのみでなく、却つて合法的でさへある。然らば、彼等會社員、銀行員等の一般勤勞階級者は何故に、洋風一面に生活改革を行はないのか？　――彼等には勇氣がないのであらうか？　彼等には充分な金がないのであらうか？　保守的な老人や家婦に妨げられるからであらうか？　――然り！　何れもが眞實である。――彼等は板の間の應接間を持つ。又、椅子テーブルの書齋を望む。その上、疊敷の上に毛氈をしき、籐椅子を並べ、床附きの八帖の屋敷にベツトを持ち込む。それなのに、疊を見捨てることに忍びない。洋服で窮屈さうに疊に座り、不潔なのを口にし乍ら、疊にねそべつて、俄に、落着いた感じを持つ。實に、しみじみと、くつろぎの感じを亨受するのである。

彼等は、このシツクなモダン・ボーイさへもが、疊に對する愛着感を、捨てることが出來ぬのである。それが、上に擧げたゞけの單純な理由で充分說明がつくであらうか？　否、それでは足りない。日本人の疊に對する執着、そこには人間性に根ざした深き理由が存在するのである。

――

我々は先づ、板の間の生活と疊の生活と何れがより自然であるかを研討せねばならぬ。板の間に椅子を並べた生活樣式、それは土間に椅子を置いた樣式との連想によつて、疊の上に坐る生活よりも自然であると考へられ易い。併し、我々はそれより、も一つ前を考へねばならない。――

青空の下、日光を遮る樹木の蔭に擴つた草原、そこで伸び伸びとねそべつて五月の太陽の惠みを身体一杯に亨ける時は、誰でもが、生命の歡喜と共に限りなき安心を感ずるであらう。それは大自然を、近く身に感ずるからである。最初の母である大地に抱かれて居るからである。『大地に對する鄕愁』――これは人間本然の聲である。人間の大地との拔くべからざる深き關係がそうさせたのであらうか？　人間は大地に限りなき愛着と親愛の念を懷く。農耕を以て國を建てた日本民族にとつては、殊にこの感覺は深い。彼等は寧ろ、敬虔な感情を以て大地を信賴する。

親しき大地、懷しき大地――そこに抱かれるのは、何といふ樂しさであらう！　何といふ安らかさであらう！

自然を愛する日本人は、住居に於ても自然をそのままに齎した。疊――そこは實に大地である。靑疊――藁と藺で出來、ヂ、ヂと音のする新鮮な疊は草原である。その上で人は自由である。坐つてもよい。ねそべつてもよい。自然的な日本人は技巧的な細工は身に合はない。ゆるやかな、いとも自由な着物を着けた日本人は、坐る場所、寢る場所と規定された椅子式生活にはなじまない。便利だとは知り乍らも、どうしても落着けない。

勿論、そこには根強い習慣性が存在する。併し何よりも大きな理由は、疊の持つ自然性――大地性なのである。

3 疊

住宅は決して事務所ではない。そこは安靜の場所である。住宅の第一に要求するものは決して能率と簡便ではない。そこは安易と親密とが滿ちて居なければならぬ。

椅子と疊は或る程度相反する性質を具えて居る――活動と靜止、緊張と弛緩、銳敏と遲鈍――疊は本質的に住宅的である。

比較的事務的性質を帶びる應接、書齋、仕事場には、能率的に優れた椅子式を用ゐるのが適當であらう。けれども家の中心はどこまでも安靜的な疊を基調として設計されねばならぬ。

それは決して、單なる和洋折衷式と呼ばれない。我々はこの半端な字を捨てなければならぬ。洋でも和洋でもない。飽くまで和である。我々は渾然とした新日本形式を作り上げねばならぬ。

我々の求める新日本住宅形式――それは必ず疊を中心とし基調とした、日本人にしつくりと落着けるものであるに違ない。

疊から去ることの出來ぬ日本人から疊を奪ふのは道ではない。

第二章

座談：和室がなくなる

座談：和室がなくなる

養老孟司×藤田盟児×上西明

上西明　二〇二一年一一月に行なわれた建築士会全国大会で養老孟司さんは講演の際、「少し前までは、畳、障子、襖で開放的だった家が閉鎖的な家になってしまった。日本間、和室を洋間に変えていった」という旨の発言をされていました。さらに「建築関係者は日本間での生活、和室での生活が、我々に与えていたものを理解した上で、和室をなくしているのですか」と、我々建築関係者にとっては、かなり厳しい問題提起をされました。

建築分野では、生活の合理化、洋風化をめざす戦前からの流れと、さらに戦後、家父長制からの脱却を図る動きがありました。一方で「和室での生活が我々に与えていたもの」、あるいは、「日本間を失ってしまったために何を失ったのか」について、あんまりきちんと考えてこなかったように思います。それが二〇世紀の終わりまでのおおまかな流れでした。

ただ、このままでは日本の住まいから和室は本当に姿を消してしまうのではないかと危惧された方が何人かおられて、二〇一六年に日本建築学会のなかで和室に関する特別調査委員会ができました。

人間の生活は衣食住といわれますが、着るものであったら、和服と洋服がある。食べるものだったら、和食と洋食がある。それと同じように、住むことに対しても和室と洋室がある。しかし本来は全部和服・和食・和室であったわけで、特に「和」を付けなくてもいいような状況でした。けれども明治以降西洋文化が入ってきたことで、「和」をつけていろいろ考えるようになってきました。藤田盟児さんのご専門は鎌倉時代の住宅建築で、「和」室以前の人の「ふるまい」から根源にさかのぼって説き起こすような研究をされています。そういう根源的なところから考えておられる藤田さんと、身体から考えておられる養老さんのお二人で、今日は話を進めていただければと思います。

ただ、和室が「ふるまいの空間」であるとすると、なるべく身近なところから話を始めたいと思います。まず養老さんからこれまでの和室体験について語っていただけますか。

養老孟司　子どものころはよく畳に寝そべって、本を読んだりしていました。そうするとハチに刺されるんですよね。多くの方はご存知ないと思いますが、アリガタバチという小さくて羽がないアリに近いハチがいます。この虫は畳が好きでよく歩いてる。これに刺されるとハチですから結構痛いんです。当時はそんなことは当たり前でした。

和室で過ごすことは随分と少なくなりましたが、今でも昆虫の標本は和室で作っています。洋風の机だと、作業する範囲が限られます。虫は小さいものですから、高いところから床へ落とすと見つけられない。洋机から尖ったピンセットを落とすと、先が曲がってしまいます。ですので非常に作業しづらい。一方、座敷机であれば低いので、物を落としても影響が少ない。昆虫の標本箱もやはり落とすと具合の悪いもので、洋室では箱を落とすと大変な災害になってしまう。だから手作業をする仕事の人は、洋間だけになってしまうと非常に困るのではないでしょうか。

そもそも、世界中の人が腰痛になっているのは、椅子の生活が原因だと医学的に指摘されています。一九世紀のイギリスで机と椅子を使った義務教育が始まったことで椅子座の生活が普及したそうですが、身体的に見ると椅子に座る行為はかなり不自然なんですね。和室だと作業している途中で仰向けに寝そべったって問題ないでしょう。だからすぐ休める。ダーウィンの家の研究部屋には、ベッドが置いてありました。疲れたらそこで休んだのでしょう。和室の場合はそれが要らない。どこで休んでもいいのです。

もう一つ感じるのは、西洋化というのは要するに分業化とも言えますから、机の上は仕事の作業の場になり、やることをあらかじめきちんと決めて設計してやることになります。しかし和室の場合は作業の場が非常に曖昧で、適当でいい。洋風だとあらかじめ自分のやることを形式化しないといけない。しかしそれがからだに合うとは限らない感じがします。

上西　昔の作家が和室にいっぱい資料をひろげて執筆していた様を思い浮かべると、和室はクリエイティブな作業をするのに向いているのかもしれません。

藤田盟児　機能的・構成的にいろんなものを組み立てて考える西洋的なものに対して、構成的でない日本の特徴が和室の中に残っていて、それが今おっしゃったような良い点にもなっているのですね。

養老　少なくとも和室が減ったことで、家で作業する人は減ったのではないでしょうか。

藤田　そうですね。畳の上で縫い物をしたり、洗濯物を畳んだり、といった家事仕事も洋室ではやりづらいですよね。「第三章」でも、「畳む」という項目〔一九〇頁〕で、和室の上でできる様々な作業について触れられています。

今、養老さんがおっしゃった机と床の近さは、和室が水平的に構成されているからこそだと思います。日本文化の空間的な特徴のひとつですね。床面と目が近いということは、頭の角度ひとつで見る範囲を変えられます。目から非常に近いところ、虫を扱われるような非常に密接した距離、細かくものが見える距離から、だんだん顔を上げていくと、ぼやっと全体がつかめるような距離でものが見え、やがて庭を通して、遥か彼方まで見通すことができる。そういう見える世界が本当に顔の角度一つで変えられるところも特徴かなと思っています。

養老　私が学生だった時東大の解剖学教室で、名誉教授の西成甫先生が、ある日教授室に畳を運んでこられたことがあります。やはり畳は休むことと関係が深いと思うんですね。

上西　脳もちゃんと休む時間がないと、活性化して働かないと言いますね。

養老　それはそうですよ（笑）。洋室は非常に休みにくいところで、働かなきゃいけないようにできている。

藤田　私も働く時間になったら椅子に座るということに決めています。そうすると働く気になるので。

養老　実は「働く」にはいろんな面があります。最近ゲイブ・ブラウン『土を育てる』（服部雄一郎訳、NHK出版、二〇二二年）という本が出ました。この本で書かれているのは、不耕起、つまり耕さないということ。また、化学肥料や除草剤殺虫剤もいっさい使わない方法です。それでいて著者は近所の農家と同じような収益を上げてるんですね。たとえばじゃがいもの種芋を畑にならべて、上を枯れ草で覆い放っておく。収穫期になって枯れ草をどけたらじゃがいもが育っているんです。これを読んで非常にびっくりしまして、人類の農業の歴史一万年っていうけど一万年間何してきたんだろうという疑問が出てきました。一生懸命働いて収穫を得ることが美徳とされているけれど、ほとんど自己満足だったのかもしれない。耕さなくても芋が取れるというのでは、気に入らないんだと思うんですね。やっぱり自分が一生懸命額に汗して、土を耕したからこれだけの収穫があると思いたいんです。日本人って未だにそのくせが抜けなくて、最近は合理化や効率化と言っていますが、その割には時間が空かないで、ただひたすら働いてる。和室にすればそれがなくなるかもしれません。

上西　ということは、今まで和室がだんだん消えてきたのは働け働けというベクトルがずっとあったのかもしれません。

ふるまいの空間――動詞で考える

養老　今、第三章の目次を見ていますが、これで思い出すのは、解剖学を勉強した時代の先生が、日本語の中心は動詞だと言って、動詞で自分の仕事を紹介していたことです。たとえば「触る」といった動詞ですね。名詞にするとどうしても抽象的になっていくので、日本語の場合具体的にするのであれば、動詞で表現した方がいいですね。

藤田　我々はふるまいという動詞群から和室を考えることにしたのですが、なぜこうした「ことば」から考えようとしているのか、その背景について少しお話しさせてください。

私が和室について研究しはじめたころ、ウィーンの美術史学者ダゴベルト・フライの『比較芸術学』に出会いました。この本について簡潔にまとめると、世界各地の文化の時間と空間の性質が、それぞれの文化が所在していた自然環境によって違っているという話です。東アジアは温帯モンスーン地域ですから、つねに季節が変わる。したがって時間が優勢の文化をつくっている。空間も時間化していて生命的なものとして捉えるのが、東アジアの文化の特徴なんです。たとえば雲気神獣図（前漢BC2世紀木棺側板、湖南省長沙）は、二二〇〇年前の貴族の棺の側面に描かれている絵で、変化する世界を気で表現しています。気の姿が雲あるいは水の流れのように描かれていて、そこからドラゴンや、弓をつがえた人間や、麒麟や鹿、いろんなものがその気の中から生まれている。この絵は東アジアの人の考える世界観をよく表現した絵だと思います。時間が中心の生活をしてるから、年中行事を守っていないと気持ちが悪いというようないろんな現象が出てくる。

だからといって中国と日本が同じかというと、つくってきた建物をみても全く違う。中国では、左右対称性が重要とされています。東西南北という天の運行軸を地上に落としこみ、地上を秩序づけるためだといわれています。日本ではそれは重要ではなくて、桂離宮などでも雁行型になっています。このような形は洛中洛外図上の室町将軍邸に表現されているように、室町時代に生まれたものです。このような一見バラバラに見えるこのならびですが、空間を進むごとに違う空間が出現するように設計したものなんですね。時間の移ろいとともに次々と風景が環境が変わっていくことを、建築化したものが日本の建築なのかなと思います。

このことを裏付ける証拠がひとつあります。平安貴族は中国の左右対称の建物に影響された寝殿造に暮らしていたんですけれども、川本重雄さんが寝殿造の中の空間の使い方を調べたところ、左右対称の寝殿造と合っていなかった。鎌倉時代に生まれる書院造の中で、今度は人々の使い方や動き方に建物の方が合わせまして、それで桂離宮のような形が生まれた。要するに建築よりも先に、人の動きや使い方があるのです。これは動きや使い方から建築が生まれる現象があることの一つの歴史的な証明でしょう。

もうひとつ、ここで畳の発生についても話をしておきますね。寝殿造の場合は開放的につくられた板間に身分に応じて畳を配置していました。つまり、身分に応じた秩序の中で暮らしていたのです。それに対して書院造では畳が一面に敷かれ、床でもって身分差を表現しなくなります。こういう畳の席はどうして生まれたのかが私の研究の一番の中心部分です。

今、和室と呼ばれているものは、かつて座敷と呼ばれていました。座敷ということばは鎌倉時代の中期に生まれます。鎌倉武士の生活をずっと追っていると、たとえば「平政連諫草」第二条「連日の酒宴を停止すべき事」にこんな文章が残っています。

「或いは勝負の事といい、或いは等巡の役といい、かれこれ用捨しがたく、皆ともに召し加えられれば、何の時が休む時あるべき」

これは北条貞時の部下、平政連が書いた諫め文で、真っ先に諫めているのが「連日の酒宴を停止すべき事」なんです。連日の酒宴になる理由は、「勝負の事」。勝負の事とは、たとえば博打、すごろく、そしてこのころ流行ってたのは、闘茶と、連歌や和歌の会です。連歌や和歌の会では高価なものを賭けて、そしていい歌をたくさんつくった人から順位をつけて、順位ごとに座る場所を変えます。それが当時の遊び方でした。それを知って、私は平安時代までの身分社会の秩序を壊すために遊んでいたんだなと感じました。平安時代武家は地位が低かったので、自分たちの地位の向上ということもありましょうが、要するに、生まれながらの身分ではなくて、勝負の事で結果に出てくるような能力に応じて席が決まるような、そんな社会につくり変えたかった。それで勝負の事をひたすらやっていた。というふうに考えないと、このあまりにもおびただしい勝負の事と酒宴の量が理解できないと思いました。そこで生まれたことばが貴賤同座ですね、尊い人も卑しい人も同じ空間に座る。その勝負の事の味わいを一味同心といって、みんなで共有する。そうやって平等な空間をつくり上げようとしていた結果生まれたのが和室だったのではないでしょうか。

ウエ・シタという感覚、カミ・シモという感覚

藤田　なぜ日本人が百年も二百年もかけて、自分たちに都合の良い使い方を生み出していくと雁行形になるのか。一つの可能性として、ことばの世界から探ってみました。加藤周一さんは『日本文化における時間と空間』（岩波書店、二〇〇七年）という本のなかで日本語の特徴として、時制がほとんどないことを指摘されています。それから修飾文や修飾語を動詞の前に置くので、形容的な表現を先に読む。それをまとめれば日本人は時間で言えば「今」しか考えていない。そして場所で言うと、今目の前に見える「ここ」しか考えない、「今ここ」主義だというようなことを結論されています。養老さんも『唯脳論』（ちくま学芸文庫、一九九八年）で、空間的な認識は結局今一瞬であり、その一瞬が永遠でもあって、それは人間の目の性質によるものと書かれていました。それが文化的に醸成され、日本語やあるいは先ほど説明した雁行型の空間構成のような建築上に展開されているのではないでしょうか。

　奈良時代に書かれた文献から、空間表現である「ウエ・シタ」と「カミ・シモ」ということばを使っている文章を調べ、どこを「ウエ」と言っているか、「シタ」と言っているかを分析しました。そうすると「ウエ」ということばは、見える所を指していることがわかりました。現在のような高さを示す意味は後から中国語の「上（ジョウ）」という漢字が入ってきたことによってつけ加わった意味です。養老さんがおっしゃっていた和室の机の話につながりますが、高さがない。ウエに対応するシタは黄泉の世界、死者がいる場所という意味です。一方「カミ・シモ」は、川の上流や

下流であることが圧倒的に多い。

ここから和室の特性を考えていくと、「ウエ」という空間は見える範囲ですから、すべてが一つの世界です。見える範囲には違う空間がないので、西洋のように中心と周辺という構成をとりません。そして、本来時間を発生させる「カミ」と「シモ」という方向性によって次々と「ウエ」が繋がっていく。これが曲がるたびに違う景色が出現するという雁行型の空間体験を生み出した日本人の考え方の癖、文化、伝統なのではないか。私の考えとしてはそのような感じです。

このような空間と時間の性質は明確な概念や定義ではなく感覚だからこそ、いろんなものに反映され、変化をしていくんだろうと思います。そういう感覚的な行為が体制化されていくということについては、エドワード・ホールはじめいろいろな学者が指摘しています。感覚が体制化されていって、それがやがて建築になって現れる。

その感覚が体制化されていくことについてはまだあまりよくわかっていません。養老さんはそのあたりをどうお考えでしょうか。

養老　感覚が体制化されていく過程を脳で考えてみると、外部からの感覚入力で脳が構造化することがある程度わかっています。私は現職のころネズミのひげを調べていました。ひげは感覚器で脳の触覚の領域にひげに対応する部分があります。じつは一本のひげが一個の構造に対応していて、隣り合っているひげに対応する構造は脳の中でも隣り合っています。そして、生後一週間内にひげをとってしまうと、脳にその構造ができません。

そのほかに視覚も脳に写った像がそのまま視覚野まで、位置関係を保ったまま、送られてきます。生まれたての猫に横線しか入っていない風景しか見せていないと、縦線を認識できなくなってしまいます。視覚野をチェックすると、縦の筋を見せているときとランダム模様を見せている時と同じ反応を示す。このことから、外界から入ってきた刺激によって脳が構築されていくことがわかります。

藤田　それがたとえば文化的にも起こる可能性はあるでしょうか。

養老　入ってきたものが脳をつくるので、認識できなくなる可能性はゼロではないでしょう。しかし、歴史がありますので、そこから気がついていくのではないでしょうか。

日本語ということばで考える

養老　世界の言語と日本のことばが一番違うところは、音を経過しなくてよい点です。アルファベットの世界は必ず音に変換します。欧米人の中でもそれが上手にできない人がいます。つまり見た記号を音に変換する経路は普通は使わないので、欧米では読字障害の子どもが大体八パーセントいるといわれています。

　記号を音にするという行為は考えてみれば変です。読字障害の一番極端なケースが失読症で、文字が読めなくなってしまいます。脳卒中などでその症状が出ることがありますが、日本人だけが「かな」が読めない人と「漢字」が読めない人とに分かれます。かな読みは明らかに音と繋がっていますから、これは世界一般の失読症と同じですね。もう一つの漢字が読めないのはむしろ、認知障害ですね。人の顔を見て誰かわからないのと一緒です。失読に二つのタイプがあるということは、文字を読む時に、日本人には音経由と意味経由の二つの方法があるということです。世界の普通の失読は音経由ですね。中国人はどうなのかと考えてみると、日本の漫画の中国語訳を見るとわかるんですが、効果音に漢字をあてていると、僕らはすごく変な感じがしますよね。ですから、かれらは漢字を音として使っている場合が多いのだろうと考えています。

こういった研究はあまり進んでいませんが、国によって違いがあるでしょうね。研究者であれば研究発表を英語でするのが当たり前です。しかし、少し立ち入った議論を英語でしようとすると思考回路が違うので、大変なんですよね。考える時点で日本語に縛られていますから。

藤田　私も日本建築の研究をしていると、これを英語でやるのは無理だなと思います。英語の単語にならないことばかり考えていますから。

養老　私は英語で論文を書く時は、英語で考えています。日本語で書いて英語に訳すということはできるようでできませんね。先程の音の話ともうひとつ、世界の言語と日本語で根本的に違うのは、アルファベットではないということです。世界を表現していることばを英語だったらせいぜい二四程度の要素で書き表せる。日本人はそんな前提を持っていません。ことばが二四の記号で言い表せると考えると、世界が百程度の元素でできていると考えてもあまり違和感がない。でも日本人が日本の中だけでものを考えたとして、原子までたどり着く人がどのぐらいいるだろうと思いますね。

上西　ここまで考えてくると、漢字かな交じりのことばである日本語の中で、特に今回は動詞を選んできて和室を考えるという方法がいい手立てだったのだと気付かされました。

養老　やってたらひとりでにそうなるのが一番ですよ（笑）。明治以降日本の学問の大きな問題は、ひとりでにそうなったのではなく、むりやり変えたことです。今回の和室の問題にもそれが出ている気がします。大きな転換がなされて、いろいろな事象が変わってしまった。最初にその問題に引っかかったのはおそらく夏目漱石でしょう。文学論の勉強にロンドンへ行ったけれど全然参考にならないから、自分でやるしかないと思って帰国してから創作を始めた。その問題をそのまま引きついだのが小林秀雄です。戦後、小林秀雄が本居宣長について書く。かれら二人はほとんど同じ問題を扱っていると思います。

藤田　ただ学ぶ対象として西欧文化をやっているうちは駄目で、自分たちの中にあるものをきちんと捉えなくてはいけないということでしょうか。

養老　難しい問題ですね。その時の立ち位置、自分がどこに立っているかが重要です。

上西　ことばもそうですけれど、和室空間に身をおいてこそ発想できることが絶対にある気がします。

感覚と身体から和室を考える

藤田　先ほど言ったように、感覚の問題が建築問題の一番根本にあると思い始めています。養老さんが日本人は昔から脳に重点を置いたものの認識の仕方をしていて、身体の思想がないのが問題だと書かれています。それは和室ひとつ取っても、座る、触る、寝転ぶといったように身体と関係しているにもかかわらず、そのこと自体が思想とか美学にまで派生していない。感性や感覚からどうすれば身体の思想にまでたどり着けるかを考えたい。たとえば「歩いて足の裏からいろんな感触を味わえる点が和室のいいところです」と、具体的な感覚の指摘はできても、それはまだ思想ではない。身体感覚をどう捉えれば思想になるのか……。

養老　その問題意識はよくわかる気がします。それは身体を使っている人が一番苦労するところですね。いつも思い出すのが長嶋茂雄です。かれの語録があるぐらいで、言うことはめちゃめちゃなんだけど、球を打てる。身体というものは相当意識化するのが難しく、意識化する方法のひとつが一般化することです。長嶋の例で言うと、「来た球にバットの芯を当てればいい」と古典力学の世界に立ち返ることです。本人はそれ以上の説明ができないんですよ。そもそも理屈にすべきかも問題で、たとえば長嶋のように球を打てるロボットはつくれるはずです。でもそんなもの面白くないですよね。理屈がわからないままバットを振って当てている方が面白いでしょう。

意識的にものを考える行為は私も疑っています。意識とはいろいろな機能の調整役です。意識がないと調整がうまくいきませんから、調整している脳が一番偉いと思ってしまいがちです。しかし実際にはそうではなく、からだが先に動いているんですよね。つまり、コップに手を伸ばして水を飲むって動作を考えた時に、本人は、意識が手を伸ばせと言ってるから、手を伸ばしたんだと思うけれど、それよりも〇・五秒ぐらい先に運動葉が動いている。その結果が水を飲む行為になるんですけど、それを意識は自分がやったと解釈するんですね。

大体、意識の出没もからだがやっていることです。意識的に寝ようと思っても寝られません。やっぱりひとりでに寝るんです。

先ほど見せていただいた鎌倉時代の文献では「身心」と書かれていましたね。それがいつのまにか、「心身」と心が先にくるようになったのだと思います。何事も心がけ、意識中心主義に変わったのですね。それ以前の身体が先にくる時代にもどって考えてみてもいいのかもしれません。

上西　同じ時代、鎌倉時代に畳敷きが出てきたころは、平等を意識して敷かれた。その後どんどんいろんなものがくっついて、家制度にからめ取られてきたところがありますが、もう一度たち返って、開かれた和室空間を考えれば、今の時代に合ったものができるかもしれません。

藤田　現状維持ではなく、今の時代にあった日本的な空間をつくり直さなくてはいけないですね。

まずみんな動いて、考え動く中で考える。二一世紀の日本が、そういうふうになれるといいです。

養老　僕はそうならざるを得ないと思ってます。いずれ近いうちに今のシステムが立ち行かなくなるでしょう。その先に、みんながからだを使って生きていくような社会になるんじゃないかと期待しています。

［二〇二二年八月一四日、オンラインで収録］

第三章 和室のふるまい——❶要

座る

アジア圏からみた和室の原点

佐藤浩司
編集協力：中谷礼仁

図1 高句麗安岳三号墳におけるユカ座。371年ごろ

図3 ユカ座の多様性を垣間見ることができるボロブドゥールの壁画

図2 バイヨン寺院のレリーフ

ユカ座の普遍性

一九世紀末、日本の住文化の詳細な記録を海外に紹介したアメリカの博物学者・エドワード・モースは、日本の住まいの第一印象を貧乏くさく、住居というよりは納屋か物置に近いと記している（『日本のすまい―内と外』一八八五年初版）。なぜなら、塗装も装飾もされず、窓やドアや煙突もなく、ベッドや椅子に類する家具も置かれていない木造の建物だからと。しかし一方で、この第一印象を覆すべく、モースの日本家屋に対する観察はその後、微細を極めている。たとえば土足のまま家にあがる外国人――それは、日本家屋を訪問した欧米人の戯画でもあるが、そんなことをすれば畳が傷つくから粗野で無礼な行為でしかないとモースはたしなめている。ユカ座は、少なくともモースにとっては日本的住まいの原点として深く認識されたのだろう。

土間から一段あがったユカ座で暮らすこと、それは日本家屋を成立させる原点の一つである。しかしながら、それはいたずらに日本独自の文化なのではなく、東アジアそして東南アジア各所で確認することができる普遍的な住居様式であることを認めなければならない。たとえば板を敷きこみその部分をほかの住居部分とは異なった空間とした民家の例は朝鮮半島にもある。板床は始めのうち台座のように家屋の一部に造りつけとなっていたらしく、高句麗の安岳三号墳をはじめ徳興里、薬水里、双楹塚、狩猟塚などの古墳の壁画に描かれた貴人は、いつも履物をぬいで台座（牀《しょう》）に座っている。（図1）

日本的空間構成に潜む東アジア

『隋書』にも「俗蹲踞を好み」とある通り、高句麗の風俗は、漢民族とは異なり、土間での生活に適していなかったようである。高句麗は、「其の俗食を節し好んで宮室を治む」というくらい、朝鮮半島でも建築技術の進んだ地方なのであった。

女家は大屋の後ろに小屋を作り、婿屋と名づけ、婿は暮れに女家の戸外に至り、自ら名のり、跪拝して、女に就いて宿すことを得るを乞う。（『魏志』高句麗伝）

三世紀に書かれたといわれる『魏志』の記録で明らかなように、高句麗には結婚後も同居せず夫が妻のもとに訪れ婚姻関係が維持される妻問婚の風習があった。夫は子どもが成長すると、ようやく女を伴って家に帰ったという。日本でも妻問婚が行なわれていたという万葉の時代には、族長の住む大屋を中心に、これを取り巻いて妻屋（嬬屋）があったと考えられている。この同じ構成は、のちに寝殿造りへと発展して、公的な儀式の場である寝殿を囲み、その東西（北）に私的な婿取の場である対屋を建てることで再現されている。これもまた和室の原型と言うべきではないか。

東南アジアからの影響

一方で、朝鮮、そして日本の高床文化が南方アジアからの影響によって成立したと考えられているくらいである。ここでは、肝心要の東南アジアの「ユカ座」の事情についても検討してみたい。
東南アジアがヒンドゥー化することによって各地に王国がうまれた八世紀前後、王の証としての玉座がいかに壮麗であったかを中国史料は執拗に語っている。

民衆は多く水辺に住む。国に城なく、みな堅木を柵にしている。王は金龍の牀に座す。座るたびに、重臣はみな両手を交差させ肩を抱いた格好で跪いた。（『通典』槃槃）

ここにいう槃槃は扶南（カンボジアで栄えた東南アジア最初の王国のひとつ）の外港であったらしく、五世紀には扶南や広州からの船が寄航する港湾都市として知られていた。その国には天竺から財貨をもとめてやって来たバラモンが多く住み、王はかれらを重用していたとも書かれている。それでも王城はまだなく、ただ王の徴として玉座の牀があるだけだった。ここに活写された情景を後のアンコール朝バイヨンのレリーフに見ることができる。訪問客の謁見だろうか、王は玉座で胡座をかいている。（図2）

高床の家で　そのユカの発展

では同じく東南アジアの文化であり、現在でも根強く残っている高床の上ではいったいどんな生活が行なわれてきたのだろうか。時代もくだり一五世紀初頭、中国、明朝の宦官で、七度にわたる南海への航海を指揮した鄭和の航海に同行した、馬歓の『瀛涯勝覧』は、爪哇國の満者伯夷の王都の様子を次のように伝えている。

その王の居る所、磚《せん》をもって墻《へい》となし、高さは三丈あまり、周囲は数百余歩。その内に重門を設け、甚だ整潔、房屋は楼の如くに造り起て、高さはそれぞれ三、四丈余。板をもって布《し》き、細藤《とう》の簟《むしろ》あるいは花草の蓆《むしろ》を鋪《し》き、人はその上に盤膝して座す。屋根には硬木を用い、板を瓦として、破いて縫って蓋《おお》う。国民の住屋は芳草をもってこれを蓋い、家々は倶《とも》に磚の砌《みぎり》をもって土庫となし、高さは三、四尺、家私什物を貯蔵し、その上に座臥し止まり居る。

ここで満者伯夷とあるのはジャワのマジャパヒト王国のこととされている。その王宮の屋根は小割板の瓦を用いた板葺、一般の民家は茅草で屋根を覆っていた。そして、床はといえば、王宮は高床で、床板に籐の簟や草蓆を敷いて胡座する。一方、庶民の家は煉瓦を積んで高さ一メートル内外の基壇をもうけ、その上で起居していたとある。しかもこの基壇は土庫の役目もはたし、内部に家財道具を収納していたという。

現在、このような建物はどこにも存在しない。ところが、この記述を髣髴とさせる情景が八世紀とされるチャンディ・ボロブドゥールの隠れた基壇（建設当時の設計変更のために埋めもどされ、現在見ることはできない）のレリーフには無数に描かれていた。床下には水甕や籠、食器などが置かれ、煮炊きなどの仕事をする人までいる。同じ形式で高床でない純粋な基壇もあって、住民たちは、高床や基壇の上で胡座をかき、屋根を架して生活を営んでいたのだ。（図3）

自身の体験から

最後に昔話をひとくさり。数十年前のことになるが、その時私はインドネシアの離島を巡り歩き、その住文化を見聞していた。日本の伝統家屋はすでに文化財や博物館になってしまい、生きた住民の暮らしぶりを見ることができない。そう感じて、最果てのこの土地ならと期待したわけである。だが、どこでも島民たちは祖先の残した伝統家屋を恥じていた。みな日本のような先進国の住まい、コンクリートや石造の家に憧れていたからだ。日本を見限り、この島まで足を運んだはずの私は、そのたびにこう繰り返すはめになった。

日本の家屋の多くは今も木造である、と。その上高床で、床には草を編んだマットを敷き、壁は土、扉は紙や木からできていると。この話にきまって怪訝な顔をしていた島民たち。つたないインドネシア語のせいばかりではない。かれらの頭にイメージされる日本家屋は、まさにかれらの恥じる伝統家屋そのものだったのだから。

和風家屋と書けば、何か特別な建築でも出現しそうだが、煎じつめればかれら原住民の住居とさしたる違いはない。ひとつの文化圏なのだから当然と言えば当然だろう。しかし、素材そのものを提供するだけにみえる和食の寿司が厳然たる美学の産物であるように、和室のたどり着いた様式美こそが日本文化のなしえた建築術の極意、と、今にしてそう思える。

会う

貴賤同座と会所

藤田盟児

吉水神社書院　義経潜居の間

中世は、武士が新しい権力として登場してきた時代である。平安時代の武士達は、朝廷と公家の社会において、清涼殿への昇殿を許されない地下人として生きることを余儀なくされていたが、多くの闘争を経て朝廷から独立した政治権力をつくり、鎌倉に武家政権が誕生した。

私は、中世の武家住宅を専門とする建築史の研究者として、社会が大きく変動した中世に生きる人々が、寝殿造という貴族の住宅から、和室つまり書院造と呼ばれる新様式を形成していく過程を研究してきた。そのことが、今を生きる私たちの住宅について知り、これからの住宅をつくるために必要だと考えたからである。和室の成立については、おおよそ全貌を明らかにすることができたが、この時代の武家住宅に現存するものはないため、記録や絵巻物などの史料を調べ、分析し、考察してきた。

奈良県の吉野にある吉水神社の書院を見に行ったのは、中世住宅史の研究者として一度は見ておかねばならないという義務感からであった。この書院には、義経と静御前がかくまわれたという一二畳の部屋があるが、確立された評価がなく、したがってほとんど知られていない。部屋に入ってみて、私はこれが室町時代以前の部屋であると直感した。この義経潜居の間と呼ばれる部屋は、豊臣秀吉が文禄三（一五九四）年の吉野の花見でつくった玉座の間に接しており、それよりも古いことは確実である。そして、柱の角を削った面の大きさや、見たこともない形の上段から、これまで見てきたどの書院造よりも古いと思われた。ただ、その当時は板敷きに改装されていたので、和室であると認識しにくかった。しかし、現存する書院造の中で最も古いものの一つであると判断した。

では写真を見ながら、この部屋について詳しく見ていこう。まず、北側正面に幅二間の押板があり、向かって右手に長い棚板をまわして違棚と付書院をつくる上段がある。しかし、その天井は垂木でできており、下屋である。下屋は、従者など身分が低い人の場所であり、近世の上段のように身分が高い人が座る場所ではないことが示されている。では、いったいこれは何なのか。

写真では、部屋の正面に掛け軸がかけられている。唐絵と呼ばれた宋より輸入された画を軸に仕立てたものである。では、何も置かれてはいない違棚や付書院には、何のために、何が置かれていたのだろうか。

この建物が建てられたとされる南北朝期の『太平記』を

みると、バサラ大名の佐々木道誉が、楠正儀に攻められて自邸を後にする時に、客室である会所を客人を招くように設えた話がある。一二畳の会所に立派な畳を敷きならべ、三幅一対の掛け軸をかけて、花瓶、香炉、茶を沸かす時に用いる灌子《かんす》、盆に至るまで美しく飾り付け、書院には王羲之の書や韓愈の書物を置いたとある。当時の上層武家住宅には会所と呼ばれる客室があり、そこに飾られたものは海を越えてわたってきた貴重で高価な唐物であった。

道誉がここに茶道具を飾ったのは、茶を楽しむことが当時の流行りだったからである。茶会は、鎌倉時代に始まったが、利休によって大成された佗茶とは異なり、己の財力を誇示する唐物をはじめとした金銀財宝を賭物《かけもの》にした賭け事であり、夜半にまでおよぶ歌舞・管弦・祝宴を伴った、人間くさい華やかな営みであった。そうした茶会をひらく会所には、賭物を飾る「床《とこ》」があった。つまり、この上段は、そうした床だったのである。

鎌倉時代の武家社会では、賭けを伴った勝負の事と呼ばれる闘茶・和歌・連歌の会や双六・博打が盛んに行われていた。それらは公家や武家だけでなく遁世者や遊芸者まで同席することがある貴賤同座の遊びであった。そこでは勝負の結果に従って座席を交替し、能力次第で地位が変わることを体感させ、人は本来、平等であることを知る場であった。

この平等性を畳敷の床、障子や襖の建具、水平な天井によって建築化したのが座敷、つまり和室の先祖だった。鎌倉時代後期になると賭物を置く押板・違棚・付書院を常設した、この義経潜居の間のような座敷が生まれ、それが会所と呼ばれたのである。

ここでもう一度、写真をみて、この時代に生きた人々がここで何をしていたのかについて想像を巡らせてみよう。吉野は、古来より歌にも詠まれ、桜で名高いが、いくつも深山を越えなければならない秘境であった。建武三（一三三六）年、京を逃れた後醍醐天皇は、ここを在所とし再興を期した。権力に追われた人々がたどり着いた、美しくも厳しい自然に囲まれた山里。ここに会所をつくった人は、身分や権力・党派の違いが問題とされない、人と人とが向かい合う勝負の世界に身を浸すことを望んだ人々であろう。そこで勝利に酔いしれた者もいれば、絶望の淵に沈んだ者もいただろうが、その部屋は美しい桜の山に抱かれていたのである。

触る

素足の空間　様々な畳表

平井ゆか

日本人は家の中で靴を脱いで暮らしている。畳を敷き詰めた床は、素足で歩いても、直に座っても寝そべっても、柔らか過ぎず硬過ぎず具合が良い。日本には四季があり、蒸し暑い猛暑や雪の降る厳寒もあれば、梅雨や秋の長雨など雨の降りつづく時季もあり、気温や湿度の変化が大きい。そんな日本の気候に畳は寄り添い、四季を通して直に触れて心地よく暮らせる。

　一言で「畳」と言っても、畳は「畳床《トコ》」という藁などを縫い固めた厚みのある板状の心材の上面を、麻や木綿の糸を経糸に藺草《いぐさ》を緯糸にして織った「畳表《オモテ》」で覆い縫い合わせて形づくられている。畳表は

内田祥哉先生のご自宅。居間から広縁越しにお庭を望む

一見同じように見えても、実は様々な種類がある。

畳表の主材料である藺草には、一般的な丸藺のほかに、沖縄で生産され地産地消している太藺（ビーグ）と、大分の国東半島が現在国内唯一の生産地で、畳表と床の断面を覆う縁《へり》のない畳に主に用いる七島藺《しちとうい》（三角藺、琉球藺）という種類がある。丸藺と太藺はイグサ科で茎の断面が円く、丸藺は直径約一ミリ、太藺はそれより太い。七島藺はカヤツリグサ科で、三角の断面の茎を二つに割いて緯糸にする。丸藺は刈り取り後すぐ泥染めして乾燥させる。泥染めには色沢や香りを良くし、乾燥も均質に促す効果があるといわれている。それに対し太藺と七島藺は染めずに乾燥させるため、自然味豊かな風合いがある。

織り方は一般的に、丸藺と太藺は等間隔に張った経糸を一目に二本入れて織る普通目（畳目）織りで、七島藺は一目に経糸一本の目積織り。丸藺を目積などの目のつんだ織り方で仕上げ、縁なしの畳に用いることもある。全幅を藺草一本で通して織る「引通表《ヒキトオシ》」が一般的だが、丸藺の普通目織りの畳表では、一六世紀末に広島で開発され、生産されている、幅の中央で茎を交叉させて継いで織る「中継表《ナカツギ》」というものもある。

藺草は色や太さが均質で丈の長いものが良質とされ、畳表の質は藺草の質に加えて、経糸の種類、織り方、打ちこんだ藺草の量を示す重量などで決まる。動力織機より手織りの方が藺草を密に打ちこめるため、丸藺では最も良質で長い藺草（長髭）を手織りで仕上げた「長髭引通表」が最高級とされる。中継表も、引通の倍程の藺草の最良部分だけで織る丈夫で贅沢な表で最高級品の一つとされているが、技術を有する織り手が限られ入手困難なため、近年、中継表の動力織機がつくられたり、地元有志により技術の保存・継承が進められている。

丸藺の畳表は一五世紀中ごろの記録に遡れるほど歴史が古く、かつて主産地だった広島は工業化で衰退し、今は熊本の八代で国産の約九割が生産されている。安価な中国産の輸入に圧され国産は減少しているが、差別化を図るため益々品質を高めている。

藺草の畳表のほかに、建材畳用の新素材で織られた畳表もある。改良を重ね、形や性能だけでなく最近では藺草の触感をも取り入れようと工夫されている。

畳が四季を通じて感触がよく、素足で歩いても寝転んでも心地よいのは、畳床の弾力性がありつつ程よい硬さに加えて、畳表の特性に因るところが大きい。
藺草の茎の内部がスポンジ状で、湿度の変化によって吸放湿することや、茎の表面の膜に縦縞のような凹凸のある筋があること、更にその茎を織った畳表にも適度な凹凸ができることから、猛暑でもさらっとしていて、尚且つ空気を多くふくみ保温性もよいため、厳寒には暖かな触り心地になり、どんな季節でも心地よい感触が得られる。適度な弾力性もあり、畳床のそれとあいまって、歩いたり寝転んだ時の心地よさも生んでいる。

和室の減少で国内の畳の需要は低下しているが、畳の良さを見直す分析・研究も進められ、触り心地の良さが改めて注目されている。

かつて畳について調べるようご教示くださった、恩師内田祥哉先生[1]が、今から約六〇年前ご自宅を設計された際の畳に対する思いを書かれた「たたみとほりごたつ[2]」というエッセイがある。

「居間には、たたみを敷くことにした。（中略）何といっても、ごろりとねころんだ『たたみ』の感触がすてがたかったからである。素足の床材料ということに関する限り、今までの所『たたみ』にまさるものはないと思っている。（中略）素足のはだざわり、という点だけを考えてみると、素面には或る程度の凹凸のあるものがよい。足からはいつでも多少汗が出ていてこれを逃すためだそうだ。（中略）結局〝たたみ〟表程の目の荒さがよいらしい。表もよし、中みもよし、というたたみのような床材は、海外にはない。（中略）日本ばかりでなく、外国でも、素足の方が気持のよいときは、あるはずである。だから〝たたみ〟も、その内に海外に大量進出ということになるかもしれない。（後略）」

そうして建てられたご自宅は、都内の住宅街とは思えないほど豊かな木々に囲まれ、ゆったりとした広縁越しにお庭から和室へ爽やかな風が通る。春には桜が咲き、夏は青々とした木々が木洩れ日をつくり、秋には紅く染まった紅葉も見事で、大銀杏が落葉するとお庭は黄色い絨毯のように美しく、雪の積もった冬景色も素晴らしいそのご自宅で、季節を楽しまれながら先生は気持ちよさそうによく素足で過ごされていた。

▼1 建築家、東京大学名誉教授、日本学士院会員。建築構法の分野を確立され、九六歳で逝去するまで現役で活躍し、建築界に多大な功績を残した。

▼2 「たたみとほりごたつ」『くうりえ』一九六四年三月

敷く

敷き詰めの畳　慈照寺東求堂

後藤治

畳は、平安時代後期に登場したものと推定されている。当時の畳は室内に「置く」もので、用途に応じて適宜室内で動かすことができる座具のような使い方だった。畳を「敷く」と言うようになるのは、室内に畳を固定して置くようになってからである。

畳を床面の全体にならべることを、畳を「敷き詰める」というが、敷き詰めた部屋が普及したのは室町時代以降である。敷き詰めが普及する前の鎌倉時代後期には、畳を部屋の周囲に配置する、「追い回し」と呼ばれる敷き方が普及していたことが、絵画史料

慈照寺東求堂

（絵巻物）によってわかる。

慈照寺東求堂は、室町幕府の第八代将軍の足利義政が、その別邸「東山殿」につくった持仏堂兼書斎である。当時の史料（『蔭涼軒日録』）に、文明一八（一四八六）年三月にはほぼ完成していたことが記録されているが、建築年代が明らかな建物で、室内に畳を敷き詰めていた部屋を持つ現存最古の事例である。

東求堂には、畳を敷き詰めた部屋が三部屋あるが、二室（六畳間と四畳間）は、昭和三九、四〇（一九六四、五）年に行われた解体修理の時に復原されたものだが、東北にある「同仁斎」と呼ばれる四畳半の部屋は、建てられた当初の姿をそのまま今に残している。東求堂、同仁斎という名称も建築当初からのもので、禅僧横川景三が示した候補のなかから足利義政が選んで決めたことも記録されている。

「和室」を持つような日本建築の特徴のひとつに、畳の寸法（長手を「一間」と呼ぶ）を基準寸法にしてその倍数で建物の規模を決め、部屋の大きさを畳の枚数で把握できるシステム（建築構法）が確立していることがある。例えば、建物の大きさを正面○間、側面○間といった形であらわし、四畳半の部屋は一・五間×一・五間、六畳間は一・五間×二間の大きさとするといった具合である。こうしたシステムは、畳の敷き詰めとともに生まれ、普及定着したものと考えられる。

東求堂と同時期の文明一七（一四八五）年に建てられた興福寺仏地院の主殿（奈良県奈良市。現存せず）では、指図（当時の設計図にあたる）が『大乗院文書』に残されていて、建築の経緯も判明する（『大乗院寺社雑事記』）。その図面を見ると部屋の大きさが畳の枚数の数値で示してあり、数値の単位をみると、畳敷き詰めの部屋を「間」、畳のない部屋を「坪」と書き分けている。このことから、部屋に畳を敷き詰める手法や上記のシステムが、上層階級の住宅系の建築では、当時すでに確立していたことがわかる。

和室との関連で言えば、東求堂には畳の敷き詰め以外にも注目すべき点がいくつかある。

ひとつは、同仁斎に棚と付書院がつくられていることである。「座敷飾り」と呼ばれる床（トコ）・棚・付書院という装備は、接客用の部屋（座敷）に必要な設えとして近世に普及する。そうしたなか、同仁斎は、棚と付書院を部屋に備え付けた現存最古の事例でもある。棚・付書院は、同仁斎を書斎として使うためにつくられたものだが、東山殿に置いて飾ったものを記録したと伝える『君台観左右帳記』には、同仁斎の棚に茶道具を飾ったと記している。つまり、同仁斎は茶の湯の場としても用いられた可能性が高く、実際に江戸時代には同仁斎をその後に流行する小間の茶室の起源とする見方も定着している。なお、昭和三九、四〇年の解体修理時に同仁斎から「いろりの間」と記した墨書も発見されており、室内には炉があった可能性が高い。このことも、茶の湯での利用説を有力視する裏付けとなっている。

東求堂　外観

　もうひとつは、外部と室内の間仕切りに、舞良戸《まいらど》と障子という、引き違いの建具を入れていることである。障子や襖といった引き違い建具を多用することは、日本建築の特徴のひとつだが、引き違いの建具が登場するのは、平安時代後期のことである。それが多用されるのは室町時代以降で、その登場と普及は、畳とほぼ一致している。外部と室内の境については、引き違い建具が普及する以前には、蔀戸《しとみど》が多用されていた。一方、近世になると雨戸が登場するので、外部と室内の境に板戸（舞良戸）は不要になり、障子のみで仕切られるようになる。つまり、東求堂の舞良戸と障子は、建物がつくられた室町時代の特徴をよく示したものといえるのである。

　慈照寺というと観音殿である銀閣ばかりに注目が集まりがちだが、現在我々が「和室」と聞いて頭に浮かべる室内空間や意匠が室町時代にすでに存在したことを示す点で、東求堂も大変貴重な建物なのである。それが往時と変わらぬ姿で見られ学術的な興味のつきない建物であることを、この機会に知っていただければ幸いである。

参考文献
・『国宝　慈照寺東求堂修理工事報告書』（京都府教育委員会、一九六五年）
・川上貢「概説・慈照寺銀閣・慈照寺東求堂」『日本建築史基礎資料集成16　書院1』（中央公論美術出版、一九七一年）

書く

出文机における思索と述作

加藤悠希

『法然上人絵伝』巻十七より
出文机で著述を行なう法然の弟子・聖覚。正面の戸は引き開けられ、机の上には紙の束と硯箱が置かれている

奈良の平城京からは奈良時代の役人が使ったとみられる机が出土している。それは、椅子に座って使うのに適した高さである。一方、和室のように椅子を使わず床に座る場合には文机などと呼ばれる低い机が用いられる。また、その特殊なバリエーションとして、部屋から縁に張り出した位置に机を造り付けにして、外に面する部分に障子などをはめた、出文机といわれるものがある。出文机の様子は、『天狗草紙』『法然上人絵伝』『慕帰絵』といった中世の絵巻物に見ることができ、庇の屋根形状や建具の形式など、さまざまな意匠があったことがわかる。

出文机はやがて読み書きのためという実用的な役割を失い、部屋から縁に張り出した天板と、その正面の四枚開きの障子窓の組み合わせとして、座敷を飾る出窓状の装置となる。それは付書院と呼ばれ、床の間や違棚とならぶ座敷の構成要素として、本格的な和室には現在でもしばしば設けられる。付書院の古いものは室町時代の慈照寺東求堂や吉水神社書院に残されており、その飾り付けの方法も、マニュアルのような資料がいくつか存在する。その一つ、『君台観左右帳記』によると、付書院に飾られるのは筆・水入・硯・硯屏（硯の前に置いて塵が入るのを防ぐ小さな衝立）・卦算（文鎮の一種）などといった文房具が主であって、そこには読み書きをする机としての記憶が色濃く残されている。

さて、改めて絵巻物における出文机の場面を振り返ってみよう。前頁に掲載したのは、『法然上人絵伝』巻十七に描かれる出文机で、法然の弟子の聖覚が、法然の教えを伝える『唯信抄』という著作を執筆している場面である。出窓に面して置かれた明るい机といった風情は、現在の書斎としても通用しそうな魅力を発している。今ほど明るい照明器具のなかった時代には外の光を取りこむ要求はより大きかったはずで、それが縁への張り出しというかたちで表れたのだろう。また、場所を自由に移動できる文机とは違って、出文机はつくり付けにして視点を固定するのであるから、そこから見える庭の景色には大いに気を遣っただろう。机に向かう人の視界を全面的に開放するのではなく、両脇を遮って正面のみを開くことで景色を切り取るのであるから、なおさらである。

ところで、『法然上人絵伝』にはものを書く場面がほかにも多く描かれており、その書き方は、出文机を使う場合、部屋の中で机を使う場合、紙を手に持つ場合、という三つに大別できる。

紙を手に持つというのは、机などを使わずに手に持った紙の束にさらさらと筆で文字を書きつけるもので、手紙の返事を認める場面などにみられる。目の前に机があるにもかかわらず、紙を手に持って手紙の返事を書く場面もあるので（巻二十二）、机がないから仕方なく手持ちで済ませたというわけではなく、紙を手で持って筆記するという確たる作法があったものと判断できる。

一方、部屋の中に置かれた机の上で書いている場面は、人とコミュニケーションをとりながら書く場合が多い。門人を集めて皆の見ている前で起請文を書く、あるいは法然の講義を聴く門人が講義録をとる、などといった場面である。

それらと対比しつつ、出文机が使われる場面を見てみると、いずれもひとりで熟考しながら述作を行なう場合であることがわかる。出文机の外の縁に人が控える場面もあるが、あくまで控えるという風情で、コミュニケーションをとっているわけではなさそうである（巻二十一）。また、使者の待つ前で手紙の返事を書く時は紙を手に持ち、その日の夜にひとりで起請文を書く時は出文机に向かう、という使い分けが示される場面もある（巻二十九）。絵画表現の演出という要素がないとも限らないが、出文机に向かうのはひとりの世界に籠って思索を廻らすような場合であったらしい。

先に述べたように、つくり付けの出文机はやがて実用的な機能を失って座敷飾の一部となるが、明るさや景色を求めて窓辺に文机を置くような構成は、和室のなかでもごく自然に継承されていく。近代の作家や文人の書斎などをみても、たとえば折口信夫の書斎（國學院大学博物館に再現）や林芙美子の書斎（新宿区立林芙美子記念館）など、いずれも出文机に通ずるような構成といえるだろう。

現在の和室にみられる付書院は読み書きには使えないが、聖覚や法然もしばしば筆を止めてそうしたであろうごとく、外を眺めて思索に耽ることはできる。室内から付書院の窓越しに見る景色は、庭をとりわけ美しく切り取っていることが多い。

参考文献
・宮﨑肇「古文書の書風・書体と執筆姿勢」（東寺百合文書WEB、https://hyakugo.pref.kyoto.lg.jp/?p=255）

味わう

鑑賞・観照

桐浴邦夫

緑が印象的な樹林が大きくひろがりをみせ、その向こうにはこんもりとした山がつづく。これは八勝館御幸の間の床の間に掛けられた東山魁夷の絵である。

床の間の発生には諸説あるが、その一つに仏画を掛ける場所としての壁面に、仏を荘厳するための花や香炉などを置く台が、建築として一体化したものとの考え方がある。確かに中世の絵巻物などを見ていると、壁面に仏画が掛けられ、その前の台に飾りが整えられているものがみられる。それが一体化し建築化されたという考えである。それを観照するための建築装置として、床の間が生じ発展し、現代の形式となったのであろう。観

八勝館　御幸の間

照とは仏教用語で、智慧をもって事物の実相をとらえること、との意味をもつ。

中世の絵巻物の中には、連歌会の様子を描いたものがあり、歌聖とあがめられていた柿本人麻呂の肖像の軸が壁面に掛けられたものもある。あるいは茶室における床の間には墨蹟、すなわち禅宗高僧の筆跡を掛けることもしばしばである。いずれも、当時あるいは現代、まさにその時代を生きている人々からは超越した存在で、それを味わうことが、床の間の観照であった。

日本人は古来より大自然の中に特別な存在、つまり神をみていた。四季折々の美しい自然があり、作物を育てる豊かな自然があり、さらには、地震や津波、台風、大雨などの脅威を感じる自然もあった。この地球上、日本ほど自然災害リスクの高い国は多くない。それだけ自然というものに偉大なものを感じ、人智を超越した特別な存在をそこにみていた。そして自然に対する慈しみや敬意も強くもっていた。その感覚が、自然との深い関わりを持った建築を生みだしたと考えられる。

茶は、文字の形から、草と木の間に人がいる、と説明されることがある。そのためにつくられる茶室は、もちろん自然との関係の深いものも多い。しかし一方、わび数寄の茶室は、閉鎖的に造られることもある。自然環境の整わない市中における茶室では、意図して閉鎖的につくり、かつては自然とともに生活していた庶民の住宅の要素、丸太や土壁で室空間を構成し、そして床の間には小さな花一輪を活けることもあった。床の間の花の観照は、その奥に大自然をみることにもつながった。

近代の数寄者たちは、床の間に鑑賞としての場を求めた。鑑賞とは、芸術作品を理解し、味わうことである。もちろんその流れは近世からもみられるものであるが、明治以降にその傾向が強くなる。明治維新に伴い、武士階級の没落や廃仏毀釈があって、そこに所蔵されていた多くの美術工芸品が市中に出回ることになったが、新たな政財界の人々がそれらを所蔵した。かれらは茶室や座敷空間に設けられた床の間に、それらを飾ることもあった。床の間は、観照から鑑賞の場へと変化した。

近代の建築家たちは、日本建築の特異性に着目することがあった。その一つに床の間とその床脇がある。壁面の構成に、決して装飾的ではないが、しかし線や面を組みあわせ、時に複雑な構成を提供し、室空間に、欧米のものとは違った独特の雰囲気をつくりだした。近世に発展した数寄屋建築は、床の間や床脇の意匠にさまざまな展開をもたらした。曲木や奇木などを用い少々饒舌なものもあれば、簡潔な直線と面で構成された形式などもあった。もちろん近代の建築家たちに主に好まれたのは後者である。

　近代の床の間は、鑑賞の場として、そして床の間そのものの建築デザインへの関心とともに発展した。床の間の新しい形の探求があった。堀口捨己は古典の名作についての研究を通じ、茶室の造形に近代性を見いだした。近代においては合理性が是であり、当然、非合理的な精神性は省かれる傾向が強かった。しかし堀口は違った。「たかくおもひ　きよく生きなむ　ねがひにぞ　すきびとみちを　えらびたりしか」という書を残している。ここに「みち（道）」という芸道に使用され精神性を伴うことばを選んでいる。また堀口の論文には、鑑賞と観照の語が区別され記されている。モダニズムの建築家としての側面を持つ堀口捨己は、合理性をもって新しい床の間を構成しようとしていた。しかし一方でその床の間は観照の場としての意味ももった。

八勝館　桜の間

　八勝館御幸の間は昭和二五年、昭和天皇の行幸のために設けられた部屋である。床脇を組みこんで複雑な構成とした床の間があり、隣室との境には、遠山とも海に浮かぶ島々ともみえる自然をうつした姿として裂地が貼られた襖障子が建てられる。そして大きくひらいた開口部は入側を挟んで自然を感じる庭園へとひろがりをもつ。建築としてその重心に位置する床の間は、「鑑賞」の場であって「観照」の場でもあった。その床の間の存在は、周囲に自然の深みを味わう空間をつくりだした。

極める　待庵

妙喜庵「待庵」の下地窓

矢ヶ崎善太郎

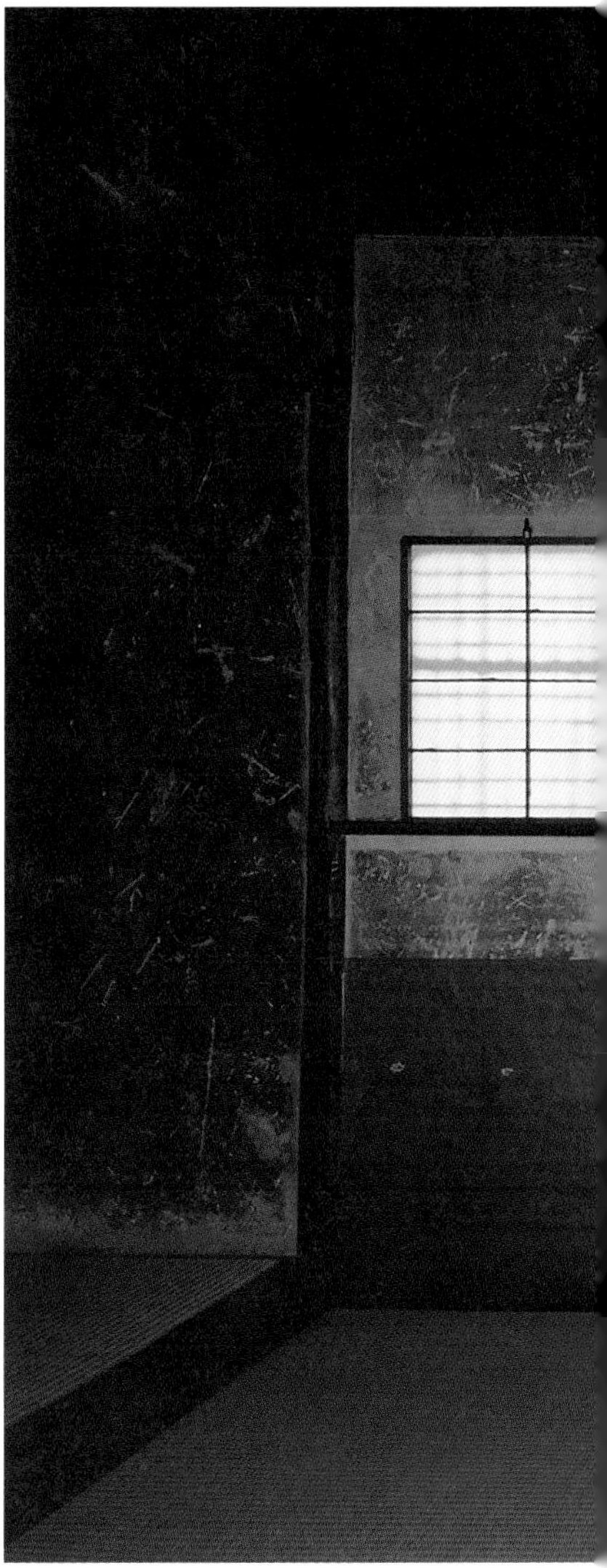

京都府大山崎の妙喜庵にある茶室「待庵」は、天正一〇（一五八二）年ころに千利休がつくった茶室を一七世紀初頭に現在地に移築再建したものとするのが通説である。だとすれば、そのころ利休はすでに没しており、千家では子の少庵から孫の宗旦に家督が移ろうとしていた。解体材で再建されたのであれば、壁は塗改められたのであろうし、少庵や宗旦によって、自らの茶室観で構造や意

匠に変更が加えられたとしても不思議ではない。

待庵の建築としての価値に、利休作であるということをことさら強調する必要はないように思える。待庵に満ちた創意や精緻な造営技術が歴史上・芸術上重要で学術的に価値の高いものであることに異論はない。むしろそれが後の茶人たちによって継承され使われながら伝世してきたこと。ここにこそ茶室「待庵」の価値がある。「うめ木のおおい座敷がよく候」（『茶話指月集』）と語ったとされる利休にしてみれば、古い茶室を子や孫の世代が繕いを繰り返しながらも使いつづけてくれていることこそ本望であったのではないだろうか。

茶会で使う茶碗同様につぎつぎと人手にわたって伝世し、そのたびに価値が増幅する。茶室とはそんな茶道具のような性格を持っている。

書院造のような式正な座敷を美しくやつして到達した草庵の茶室は寄合の場の通例であった一八畳の広さを四畳半、さらに二畳に縮め、皮付きの丸太を使い、床の間の内側にまで土壁を塗るなど、前例のないこころみによってうまれた。そんな草庵茶室を大成させたのが利休であった。「くずす」という過程を経て、ただの粗末な藁屋に陥ることなく洗練された草庵茶室に極めることができた最大の要因は室内への明かりのコントロールにあろう。

現在の待庵にはいくつか異なる時代の造形が混在しているが、のちに躙口と称される入口の「くぐり」と下地窓はいずれも利休の創意になるといってまちがいない。

利休以前は「茶湯ノ座敷ハ北向ヲ本トス」（『池永宗作への書』）といわれた。それは、北からの穏やかな明かりが茶道具を見るに好都合であるからだという。選りすぐった材を室内の景として際立たせるためにも、草庵茶室では明かりの加減が最重要なテーマであった。このころの茶室は縁側から明かり障子をあけて出入りしており、明かりはここからしか入ってこなかった。したがって入口は北向きが良いとされたのである。永禄二（一五五九）年利休は（記録上）初めて南向きの茶室を披露した。利休の明かりへの感性はこのころから研ぎ澄まされていく。一六世紀後半、それまでの茶室の向きを記録することが多かった茶会記に向きの記載がなくなる背景には、利休による下地窓の創始があった。小さな「くぐり」に木戸を建てることで入口からの採光を遮断し、かわりに場所や大きさ、形を自由に工夫できる下地窓をあけたのである。茶室は向きに関係なく明かりを自由に調整する術を獲得した。

現在の待庵の東面に二つの下地窓がある。この二つの下地窓の高さや大きさのわずかなちがいは極めて周到で綿密な計算の結果なのであろう。水平の敷鴨居と垂直の方立から生まれる壁面の構成は待庵の最も優れた意匠ともいえるが、床の間寄りの小さな下地窓に通例にはない独特の仕舞がみられる。

ここの明かり障子は掛け金でつるし、下を敷居の溝に落としこんでいるのであるが、詳細に観察すると、敷居際の壁が敷居の上面と同じ高さで塗止められているのである。通例では敷居の面から五分ほど壁を立ち上げる。一七世紀中ごろの『茶譜』も「敷井ハカリ有テ鴨居ハ不入　弁壁ハ敷井ト一面ニ塗止」と、この技法に注目していた。これは敷居を固定したあとで壁を塗る時に、五分ほどの微妙な高さ寸法を調整した結果であろうか。下地窓が室内にもたらす情景の機微は、繊細な感性と周到な計画と入念な技の上に成り立っているのである。

茶の湯の造形理念に「上をそそうに、下を律義に　物之はつのちがハぬ様にすへし」（『山上宗二記』）がある。「そそう」とは「粗末」という否定的な意を是に化して「飾り気のない、自然で素直な風体」をいう。材を選りすぐり、道理にかなう入念な仕事をすることで建築は洗練され、「そそう」なる茶室の極みに達しえた。

利休以後も草庵茶室では窓の開け方が茶人たちの力量を発揮する重要な課題となりつづけた。壁面にあけた小さな窓から差しこむ明かりを簾や障子でやわらげ、拡散させることで室内に風趣を整える。屋外からの採光への関心は、自然と共生する感性を涵養した。草庵茶室では小さな窓越しに、いつも屋外の自然の気配を感じながら時間を過ごしているのである。

会所からはじまって寄り合う場が展開するなかで、時代の潮流にあった書院造と訣別し、中世の庵や書斎の系譜を尊重して「そそう」なる個性を獲得したのが草庵茶室であった。和室の多様な展開過程のなかに草庵茶室創造のこころみがあったことは決して無駄ではなかったにちがいない。

参考文献

・朴　珉廷『そそうの哲学　数寄茶湯の原点』（思文閣出版、二〇一九年）

Ⅱ 作法

整える

外国人が愛した秩序

鈴木あるの

和室が当たり前に存在していたころの日本について、外国人達が書き残した観察日記や紹介文が数多く残っている。かれらはそれぞれの理解力において日本を精緻に記録し、それぞれの価値観において見解を述べ、世界に発信した。その中で繰り返し指摘されているのが、日本社会の「秩序正しさ」と「清潔さ」である。

滋賀県日野町・セーア邸

当時の日本の庶民の生活習慣や働き方が秩序正しかったかどうかはさておき、武士をはじめとする社会上層部の人々が執り行なっていた茶会や芸術鑑賞の会に見られる作法には、封建社会だったという理由だけではとても説明しきれない、完成された秩序があった。特に茶会などにおいて、社交や娯楽やリラクゼーションの場においてすら様式美を極めようとする姿勢は、ほかの文化ではなかなか見られないものである。そしてそれらの作法は和室によって支えられている。

オーダーやモジュールを用いてデザインされた建築は古今東西に存在する。しかし和室における規則性は、明瞭に可視化されている。真壁の上に現れる水平垂直の構造材、畳の縁や目によって、オーダーやモジュールが誰の目にも明らかなのである。建物だけでなく、その中の僅かな家具や調度品も、木製で直線的な形のものが多いため、整列しやすい。そして和室の中でのふるまいは、これら建築の中の線的要素をガイドラインとすることにより、より一層秩序正しく美しく整えられる。

それにも増して外国人達が感嘆したのは、日本の町や家屋の清潔さであった。清潔を重んじるのは何も日本だけではない。たとえばイスラム教ではその教義の中で清潔さを求められており、そのためのさまざまな習慣や施設がある。その影響は中東からアフリカまでおよんでいる。しかしことさらに日本家屋の清潔さが注目されたのは、和室においてそれが可視化されていたからであろう。

たとえば日本では床に土足で上がることをしない。家屋の床は高く、板の間や座敷と土間との間には大きな段差がある。そのため外の汚れが室内に入りにくいことが直感的にわかる。日本家屋は開放的でウチとソトがゆるやかに連続しているといわれているが、衛生管理という点から見れば、西洋建築よりも厳密にウチとソトが分けられているわけである。さらに室内の床に高低差をつけて「領域」を暗示する場合もある。「領域」は畳の縁や天井の切替線などにより平面的にも暗示される。これらも「秩序」を形成していると言えよう。

そして日本の家には家具や調度品が極端に少ない。「母国の住居を悪趣味に埋め尽くしている装飾品の数々を捨て去ることができたなら」とため息をついたフランス人もいた。▼1 物の少ない簡素な和室は、見た目の印象だけでも「清らか」である。実際、家具の少ない空間ではつねに広範囲の床が見えており、チリや埃が隠れる場所がない。さらに低い視線から床が至近距離に見えるため、床上の汚れに敏感になることができる。また床の上で食べ寝る生活においては、床をテーブルやベッドの上と同様に清潔に保とうとするのは当然のことである。

和室の秩序や清潔さを賞賛はするものの、床座で生活できる外国人は決して多くない。明治維新のころに来日した外国人達は、「日本家屋の繊細な床材の上に靴で上がってはならない」ことを頭では理解できていても、そこで自分が靴を脱ぐことには抵抗を感じていた。室内でも靴を履く習慣を持つ人々にとっては、靴下は下着のようなものだからである。実は室内で靴を脱ぐ習慣は世界中に存在し、最近は衛生的観点からさらにひろまりつつある。しかし床に直接座るか寝るかといわれれば話は別で、相当な親日家であっても、床座や床就寝には否定的な意見が多い。

実際、古民家や町家に住む外国人が増えている昨今でも、その多くは床にカーペットを敷き、室内をテーブルやソファやベッドで埋め尽くしている。外国人客をターゲットとした宿泊施設の和室においても、低めのベッドや椅子が用意されていることがほとんどである。飲食や宴会のための和室も、インバウンド対応であれば、掘り炬燵形式にしておくことが必須であるらしい。

床座は室内の清潔さを保つことに寄与しており、外国人達が和室の清潔さを羨望していることも事実である。床座が苦にならない外国人も一定数存在する。それでもかれらが畳敷の和室を自宅に取り入れることを恐れるのは、清掃や維持管理の方法がわからないからである。確かに現代日本においては、家屋の造り方が変化しており、畳の清潔さを保ちにくい環境がある。和室を家具でごった返しにしている日本人も多い。質の低い輸入畳も出回っている。悪い例を見せてしまっているのである。

今、先進国の中で、最も住宅内や街並みに「秩序」を欠いているのは日本であろう。家の中は片付けられないモノに溢れ、統一感のある街並みはもはや観光地でしか見られない。かつて外国人達から驚かれ賞賛された秩序は、いつの間にか、現代日本人の生活環境から消えてしまったのである。

参考文献
・George Bousquet, *Le Japon de nos jours* (1877)

飾る

床の間

鈴木義弘

重光葵別荘の床の間（別府市）
飾るという行為は、その背景にある事象をあぶり出し、鑑賞者に対して思いもよらない感動を与えてくれる

飾られた空間に眩暈を覚えることがある。目を見張る美しさだからではなく、必然的場面に遭遇した目撃者のような僥倖感。ある床の間でも、ひとつの「出会い」が生まれた。それは当事者同志によるものではなく、第三者によって認知された。

その場は、重光葵（一八八七－一九五七）の旧別荘である。戦艦「ミズーリ」で太平洋戦争の降伏調印を行った日本全権の外務大臣として、また、人徳を示すエピソードも数多い人物であり、なかでも、第一次上海事変（一九三二年）の停戦交渉中のテロによって右脚を失ってしまう前後の顚末は、特筆される逸話である。その療養にあたり、かれの郷里に近い別府市でのリハビリに訪れた時に知り合ったのが、地元で創業していた先駆的洋食店のシェフ（天皇の料理番で知られる）宮本四郎であった。宮本は重光の外交上の姿勢に深く感銘し、手厚いもてなしと、傷痕の治療に最適の環境を手配して回復を支えた。その後も交友は深まり、重光帰郷時のため、質素だが心の籠った住まいを入手して主を待った。これが重光葵別荘である。

重光がようやく足を踏み入れたのは、不当と評されるA級戦犯の投獄から仮釈放（一九五〇年）後で、ひきつづき、国際的な和平や日本の固有の文化の堅持、国連加盟に絶大な貢献をする。床脇の違棚上部には、重光による獄中での漢詩が額装で飾られ、号は「向陽」、「葵」が中国では「ひまわり（向日葵）」の意に由来する。

二〇二〇年秋、その床の間にある作品が飾られた。佐藤俊造（一九五四－二〇一〇年）というほぼ無名の画家によるもので、農作業を生業としながら、大分県日出町のアトリエで、ひとり黙々と二百点を超える作品群を制作していた。そこへかれの仕事にかねてから注目していた仕掛人（美術家・二宮圭一、木村秀和）が現われる。没後十年の節目として県内全域百ヶ所以上で彼の作品を一点ずつ展示する壮大な企画、称して「佐藤俊造　一点美術展」が開催されたのである。

会場は、公共的な施設だけでなく、寺院、旅館や民泊宿、カフェ・飲食店、薬局・鍼灸院、子ども食堂など、およそ美術展とは思えぬ場所。設営は、自家用車の荷台に、それぞれの場に相応しいかと思われる、しかし限られた作品を積み込んでは、ひとつひとつ決めてはまた、次の作品を運ぶという、実に地道な積み重ね。

重光葵別荘が舞台となったことも、奇遇だったのだが、ともかくは仕掛人が下見をし、重光の書を眺め、その号からひまわりを着想し、佐藤のアトリエ管理者に問い合わせることとした。いざ車にもどってみると、地味でどの会場にも合致せず、佐藤の中ではめずらしい小品で行くあての定まっていない絵が残されていたという。それが何とこの作品、床の間の土壁なればこそ馴染む素材感、中心には、重光の生き様を表しているかの詩が記され、しかも、「ひまわり」という語句だけが黄色い文字。多大な労苦で設営完了間際の仕掛人は、この予想しなかった事態に「今日は震えた」と感歎した。

床の間はかくあるべきという伝統的な形式や作法があるのだが、それを超克して佐藤俊造の絵が掛けられたまさにその瞬間、重光葵との出会いが実現したのである。

この重光葵別荘がどこに建っていたのか、地元でも口伝が途切れていた。ある日、若き大工でもある女性建築士が現所有者と知り合い、それを聞き知った写真家・藤田洋三が数年前に「再発見」したものだった。

飾ること、それを鑑賞することは、背景にある森羅万象の一端を、関係者らがそれぞれに共有するということであろう。一床の間が時空を超えた人と人との結びつきを演出してくれた。

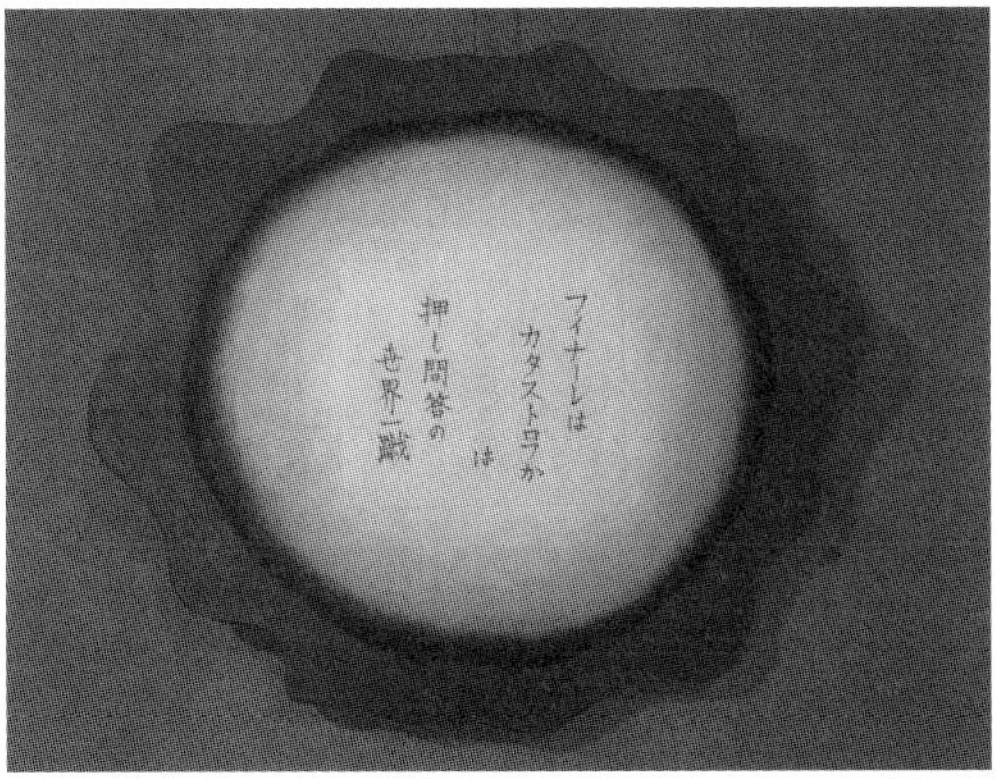

佐藤俊造『ひまわり』
「フィナーレは　カタストロフか　ひまわりは　押し問答の　世界一蹴」

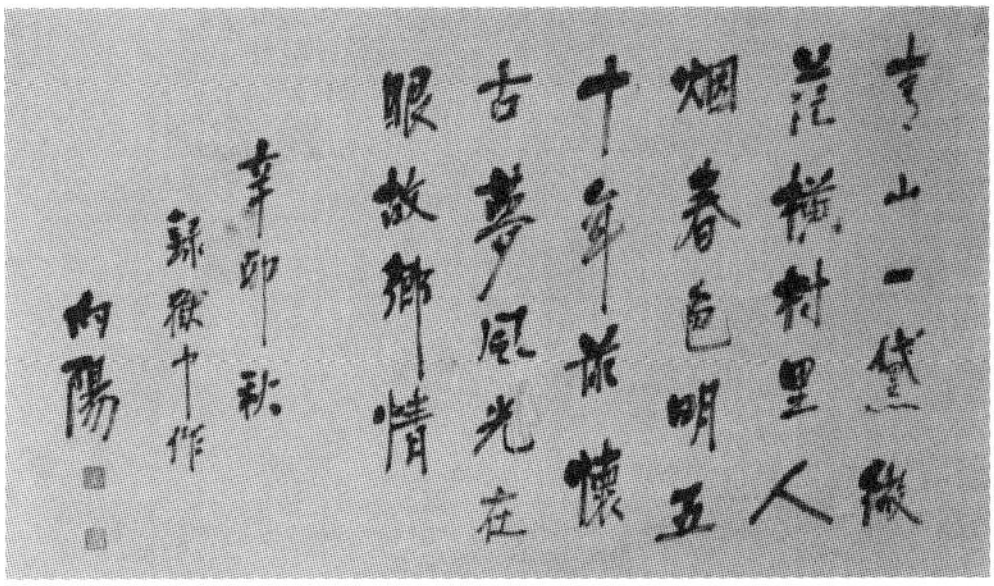

重光葵 獄中での書　号は「向陽」

参考文献
・太田博太郎『床の間』（岩波新書、一九七八年）
・渡邊行男『重光葵 上海事変から国連加盟まで』（中公新書、一九九六年）
・ネキスト編『老舗の系譜　レストラン東洋軒』（二〇二〇年）

替える

季節の変化に応える

高田光雄

図2 秦家住宅　建具替えの様子。
6月の建具替えでは、冬建具が取り外されて蔵に収納され、
簾戸《すど》や簾《すだれ》などの夏建具や、籐《とう》の敷物が蔵から取り出される

図3 秦家住宅 夏座敷。
簾戸や簾、籐の敷物などが設えられている。
7月の祇園祭には、さらに屏風などが飾られる

図1 秦家住宅。冬座敷
建具としては、襖とガラスの
入った障子が設えられている

京町家においては、季節の変化に応じて部屋の建具や敷物を取り替える「建具替え」とよばれる習慣がある。「建具替え」ではなく「模様替え」や「しつらえ替え」などと呼ばれる場合もある。呼び名はともかく、一般には、毎年二回、六月の初めごろと九月の終わりごろ、部屋の建具や敷物が冬姿から夏姿に、あるいは、夏姿から冬姿に取り替えられる。建具替えの日は、六月一日、九月三〇日と明確に定めている家もあれば、天候や曜日の都合を考慮して年毎に定めている家もある。元々旧暦の四月一日と一〇月一日に行なわれていた「衣替え」が明治以降、新暦の六月一日と一〇月一日になったことが目安となったものと思われる。ただし、京都の都心部の京町家では、冬座敷から夏座敷への「建具替え」は、七月一日から始まる祇園祭の一連の行事の準備という意味合いも強く、それに間に合うことが必須条件であるため、六月の半ばには概ね完了している。

ところで、京町家においては、建具や敷物の取り替えだけではなく、年中行事や来客などに応じて、季節を取り入れながら、家具・調度などを飾り整える習慣もある。こうした習慣、あるいはその作法は京町家の「室礼《しつらい》」と呼ばれている。そもそも、「室礼」とは、平安時代、ハレの儀式に際して、寝殿造の住宅の母屋や庇に、家具・調度などを配して室内を飾り整える作法を指していた。その後、公家や武家の屋敷で家具・調度などを飾り整える作法を意味するようになり、これが京町家などの商家にも波及したと考えられる。「建具替え」は「室礼」の一部であるとも言え、建具・敷物などによって基本的な室内空間が定まり、その中で家具・調度などが調整されるのである。

ここで、京町家における「建具替え」を具体的に見てみよう。図1は、京都市下京区太子山町に建つ秦家住宅の冬座敷である。秦家住宅は、三〇〇年以上前に創業した薬種商の町家で、元治元（一八六四）年に起こった禁門の変の火災（どんどん焼け）によって焼失後、明治二（一八六九）年に再建された。「表屋造り」の京町家で、京都市有形文化財に登録されている。冬座敷の建具は襖とガラスの入った障子で構成されている。

六月の初めの「建具替え」で、これらの冬建具は蔵に収納され、代わりに、夏建具が取り付けられる（図2）。襖の代わりに簾戸《すど》、障子の代わりに簾《すだれ》が嵌められ、畳の上には、籐《とう》などの敷物が敷かれる。

簾戸は、夏障子、御簾戸《みすど》、葦戸《よしど》などとも呼ばれ、簾をはめこんだ建具の総称である。簾の材料には、葦《よし》、竹、萩などが使われる。これらは、夏の日差しを遮るだけでなく、若干の通風、採光、プライバシーの保護などにも役立つほか、建具の素材感や陰影、手触りなどにより、視覚的にも触覚的にも涼しさが感じられる建具である（図3）。なお、簾には、布製の縁のついた室内用の簾がふくまれる。これは、かつて公家屋敷や武家屋敷で使用されていた「御簾《みす》」を簡略化したものである。

一方、籐を使った敷物には、籐を縦に走らせつなぎ合わせた籐筵《とうむしろ》と細かく編みこんだ籐網代《とうあじろ》の二種類が一般的である。籐は、ラタン（マレー語）とも呼ばれる熱帯域に自生するヤシ科の植物で、日本には自生しておらず、東南アジア（主にインドネシア）などから輸入されたものが加工されている。表面にホーロー質のある「セガ」と呼ばれる種類の籐皮が使われており、視覚的にも触覚的にも涼しさが感じられる敷物である。なお、秋には、この逆の「建具替え」が行われ、京町家は冬支度を整える。

では、京都の生活文化の一つとして継承されてきた京町家の「建具替え」にはどのような現代的意義があるのだろうか。吉田兼好の『徒然草』第五五段に「家の作りやうは、夏をむねとすべし。冬はいかなる所にも住まる。暑き比《ころ》わろき住居《すまい》は、堪へがたき事なり。」と記されているように、京都の居住環境の最大の課題は夏の蒸し暑さであった。京町家では、衣文化や食文化の支援を得ながら、最大限の風通しの確保と建具の工夫でこれを凌ごうとした。凌ぐという行為は、決して我慢することではない。一見ネガティブなものを知恵を絞ってポジティブにすることを意味する。その結果、室内温熱環境を改善するだけでなく、季節ごとに変化する自然と接し、繊細な季節感を楽しむ生活文化を手に入れた。「建具替え」には、この生活文化を自覚的に継承していく意義が認められる。また、「建具替え」や建具の開閉は、住まい手が主体的に行わざるを得ない。住まいが住まい手に一方的にサービスを提供することを前提とした受動的な「住みごこち」の追求ではなく、住まいと住まい手の相互浸透を前提とした能動的な「住みごたえ」という価値の追求なのである。

参考文献

・秦家住宅編集委員会編『秦家住宅　京町家の暮らし』（新建新聞社、二〇〇八年）
・新谷昭夫『京町家』（光村推古書院、一九九六年）
・松村篤之介『暮らしの歳時記　模様替』（京町家友の会ホームページ、http://www.kyomachiya.net/index.html）

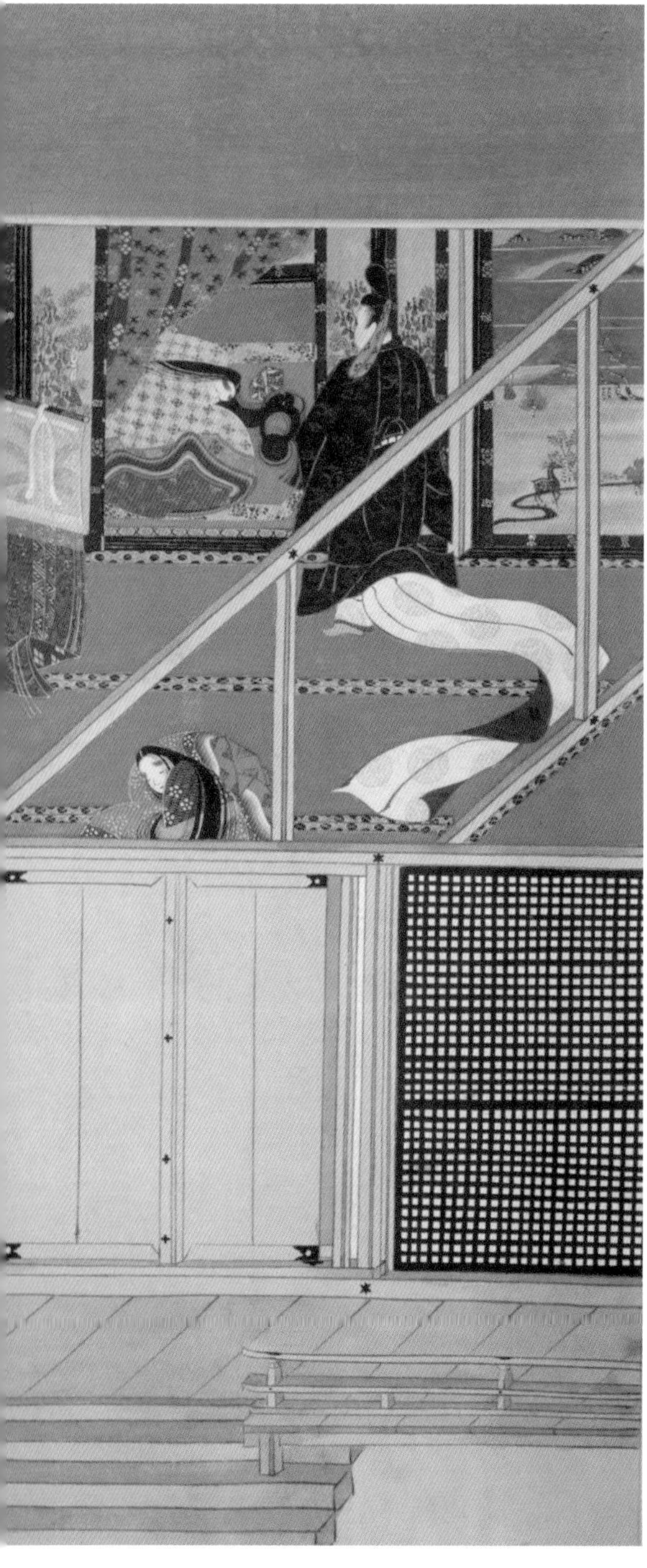

隔てる

建具

浅野伸子

図1『春日権現験記絵』
御簾や几帳で設えた部屋の奥は、衾障子で隔てた寝所。外との境は板扉と蔀戸とする

ここでいう「隔てる」は、人の行動や視線を遮るために物を置いたり仕切ることである。和室では、壁のほかに襖や障子などで空間を仕切る。この引違いの建具による隔て方は平安時代にはすでに生まれていて、住宅様式の変化とともに少しずつ今ある姿になってきた。

その歴史を要約すると、代表的な住宅様式のひとつである平安時代の寝殿造は、奈良時代から引き継いだ壁で囲む閉鎖的な室と壁のない開放的な空間からなる母屋の外側に、さらに庇の間を附設して拡大し、その側柱に蔀戸や妻戸（板扉）をたてて戸締りをして、その外を簀子敷（掾）とする構成であった。開放的な部分がかなりひろくなったので、視線を遮るためのいろいろな障子（遮る道具の意）が必要になった。障子は、簡単な衝立が最初であったといわれる。その後、竹や布などを使った御簾や几帳、屏風などの屏障具が生まれ、それらを必要に応じて使い分けて季節にあった空間にしつらえた。しかし、それではいちいち手間がかかるため、やがて柱間に引違いの衾障子を入れて固定的に仕切るようになる。『春日権現験記絵』は鎌倉時代後期の成立で、大和絵が描かれた衾障子で仕切られる部屋が多くなっており、寝殿造の構成が変化している様子がわかる。やや下層の住宅や僧坊では、唐紙障子が多く使われるようになった（いずれも現代でいう襖）。また蔀戸の内側は御簾の代わりに、視線や風を遮り明りを取り入れることのできる明り障子（現代でいう障子）もひろく使われるようになり、室町時代には住宅の内外とも建具は引違いが主流となる。特に外廻りは、柱間に舞良戸二枚と障子一枚の組み合わせ（図2）、あるいは下部を板張りにした腰障子に変化した。この戸締まりは簡便ではあったが、寝殿造の蔀戸のように下蔀をはずして半蔀を吊り上げ、柱間全面を開放するのと違って、半分は閉鎖されるため開放感に欠けるものであった。その後、近世初期に雨戸が発明されてふたたび全面を開け放てるようになる（図3）。建具は、部屋を好みのように配置し仕切る、書院造や数寄屋造といわれる住宅様式を完成させるのに大きな役割をはたしたといえる。

この日本独特の引違いの建具は、一見壁のようでありながら開閉も可能でとても便利であるが、人の行動や目線を遮るのみで音に対しては考慮していないという欠点もある。まして平安時代の衝立や几帳、屏風ならなおさら、人の気配を隠すのも容易ではないだろう。プライバシーや安全面から考えるとかなり特殊であるが、しかし日本には明治に至るまで、そもそもプライバシーという概念があったかどうか疑問に思える。武家屋敷でも下級では数室の居室がまとまってあるのみで、室内は通路としても使われていた。そこで、このような建具を多用する住宅での生活に、一定の作法がうまれた。つまり、見ないよう聞かないよう、不必要に近づかないように、見る（気配を感じる）側が身を処すのである。これは子どものころから何となく躾けられるもので、隔てる機能が弱い分、こういう暗黙の約束事が和室での生活にはいろいろあった。

　一方、現代では壁に囲まれた洋室が好まれ、和室はあまり必要とされなくなるのと並行して、遮断性の低いこのような建具は使われない傾向にある。しかし、引戸の便利さは臨時に遮りたい時や収納場所などで発揮されるだろうし、また柔らかな光を通す障子も桟をさまざまにデザインすることによって室内装飾の一部ともなり、空間を隔てるひとつの方法として使いつづけられていくと考える。

図2 京都府・仁和寺
御殿黒書院の舞良戸と明り障子

図3 福井市・養浩館庭園の復元建物
次ノ間から御座ノ間をみた様子

参考文献
・山田幸一監修・高橋康夫著『建具のはなし』（物語ものの建築史、鹿島出版会、一九八五年）

上がる

和・洋の壁を超える設計力

武知亜耶

明治維新以降、不平等条約撤廃を目指す欧化政策の下、山縣有朋や岩崎久弥など政財界の有力者の住宅も欧化が図られた。これらの大規模邸宅では、接客を中心とする洋館が建てられるものの、家族の生活空間は別棟の和館であった。住宅の欧化は徐々に浸透するが、一棟内ですべてを満たすために、洋館内へ和室を設ける必要に迫られた。しかし、和室は、床に座って生活するのに対し、洋式住宅では椅子に座るのが基本で、生活する高さが異なる。建築家たちは、畳敷きの和室を板敷きの洋室より一段「上げる」ことで、この問題を解決しようとこころみた。

その事例として、大正一五（一九二六）年に竣工した内藤多仲邸を取り上げる。内藤は、東京タワーの設計者として知られる著名な構造学者

新田利國邸 2階縁側

である。自邸においても構造設計のみを担当し、意匠設計は大学の同級で親友の木子七郎に依頼した。

内藤邸は、住宅に壁式の鉄筋コンクリート（RC）造を採用した日本初の事例である。外観からはわからないが、中には和室が設けられている。二階に二間続きの立派な座敷があるが、今回は、一階の食堂に隣接する畳敷きの子ども室に着目する。

子ども室の床は、食堂より八寸（二四センチ）上げて設けられている。食堂には、高さ四〇センチ弱と座面の低いソファーが造り付けられており、子ども室に座った人と同じ目の高さでコミュニケーションをとることができる（図1）。板敷きの洋室と畳敷きの和室を空間的に接続する際に、和室側の床を「上げる」設計手法の先駆的事例である。図面には子ども室と室名が書かれているが、食堂と一体となった家族団らんの場であり、冬はこの部屋のこたつを家族で囲んだそうだ。[1] 子ども室すなわち勉強部屋という現代の理解に比べ、はるかに豊かな発想である。

しかし、食堂の窓には二尺五寸（七五センチ）の腰壁があり、子ども室の窓も同じレベルなので、五〇センチ弱の腰壁が残る。これでは、日本的感覚である庭との一体感は得られない。

意匠設計を担当した木子は、「洋式住宅を真似ても、日本人としての住宅を考えねばならぬ」[2]という考えをもっていた。そもそも、日本建築は、柱を立て、梁や桁を架け、屋根を載せ、空いた隙間を塞いだ部分が壁になり、そのほかはすべて掃き出しの開口部となる軸組構造である。いっぽう、組積造を起源とする洋式建築は、壁をくりぬいて窓を開ける発想である。

木子が内藤邸と同時期に手掛けた山口萬吉邸（昭和二（一九二七）年）も、内藤邸同様、窓に腰壁が付いているが、和室の周囲を掃き出しの障子とし、外部に面する窓との間に内縁を介するなど苦心の跡がみえる（図2）。内藤邸や山口邸では、上げ下げ窓の屋内側に障子窓を設ける二重構造とし、上げ下げ窓が屋内に露出しないための工夫もみられるが、木子は、さらに、床から立ち上がる大きな掃き出しの開口部を設けるべく模索する。

山口邸の翌年に建てられた木子設計の新田利國邸[3]をみると、やはり様式住宅の中に和室が設けられているが、さらに縁側が付く（図3）。一階の縁側は掃き出しで、和室からはひろい視野で庭を楽しむことができる。また、

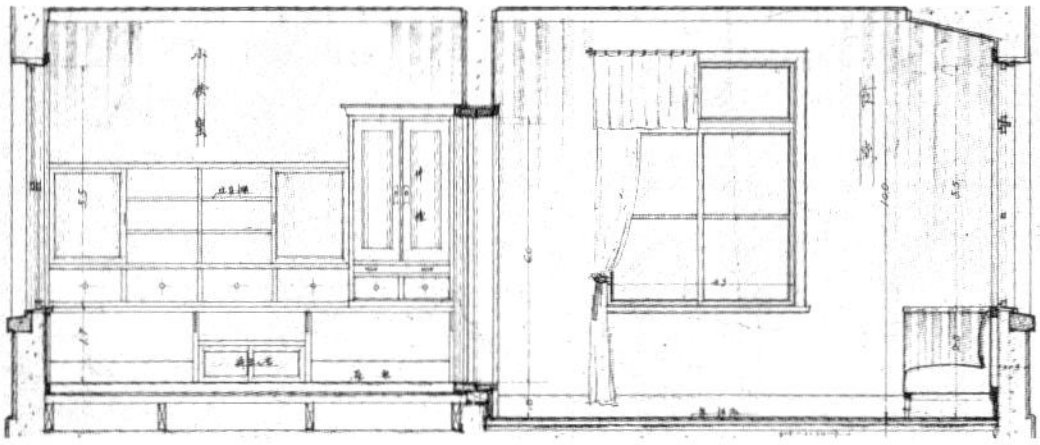

図1 内藤邸 子ども室と食堂の断面図

図2 山口邸 和室から屋外側の窓を見る

図3 新田利國邸 南側外観　1階2階とも、右側の部屋が和室

図4 新田利國邸 東側外観

これまでは、和室の意匠が外観に出てこないよう徹底されていたが、新田邸では、掃き出しの開口部を露出させ、和と洋を融合させる新たな提案がなされている。

より特筆すべきは、二階の縁側である。出窓にすることで、開口部をRC造の壁から切り離し、南と東の二面に連続させ、構造的な役割から解き放たれた開放性が感じられる。出窓の床は、奥行をひろくとり腰掛けとして使えるように配慮している。この腰掛けは言わば縁側の床を「上げ」ながら連続性を感じさせる工夫で、日本的な架構形式の本質を表現している。さらに、縁側の天井から庇の軒裏まで日本的な様相で一体感をもたせ、和室に座り外を眺めた時、そこには、洋式住宅の中にいるとは思えない和の景色が立ち上がっている。

加えて、洋室に面する南には洋式の庭園、和室に面する東には日本式庭園が設けられ（図4）、庭からは、掃き出し窓を上がり直接和室に入ることができ、木子の求めた日本人としての住宅の深化をみることができる。

▼1 『新建築住宅特集』二〇一四年六月号（新建築社）
▼2 木子七郎「道路と住宅と建築家」『建築と社会』第五輯第二号、一九二二・二
▼3 現 松山大学温山記念会館

忌む

江戸時代の家相書では

村田あが

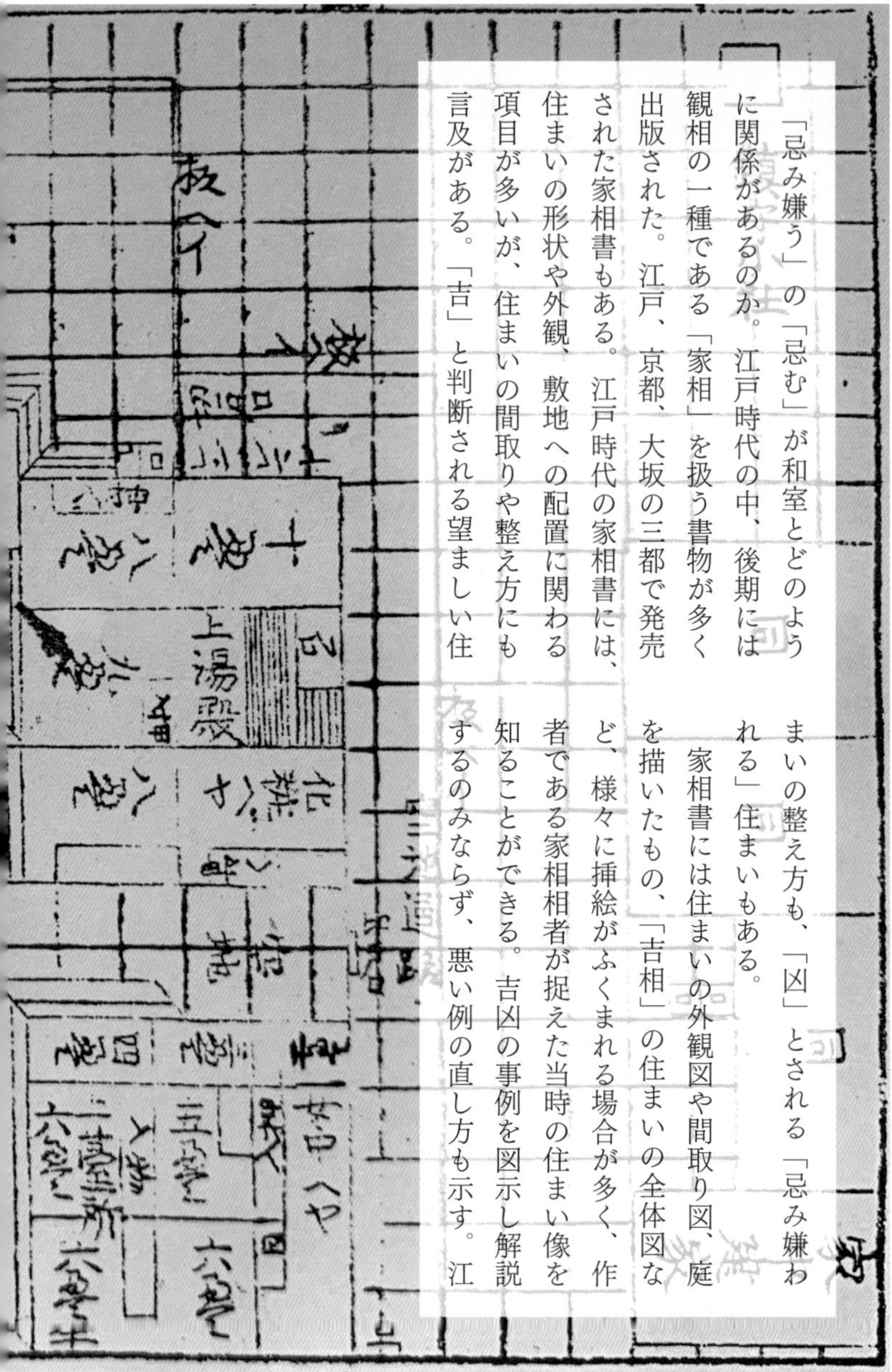

「忌み嫌う」の「忌む」が和室とどのように関係があるのか。江戸時代の中、後期には観相の一種である「家相」を扱う書物が多く出版された。江戸、京都、大坂の三都で発売された家相書もある。江戸時代の家相書には、住まいの形状や外観、敷地への配置に関わる項目が多いが、住まいの間取りや整え方にも言及がある。「吉」と判断される望ましい住まいの整え方も、「凶」とされる「忌み嫌われる」住まいもある。

家相書には住まいの外観図や間取り図、庭を描いたもの、「吉相」の住まいの全体図など、様々に挿絵がふくまれる場合が多く、作者である家相相者が捉えた当時の住まい像を知ることができる。吉凶の事例を図示し解説するのみならず、悪い例の直し方も示す。江

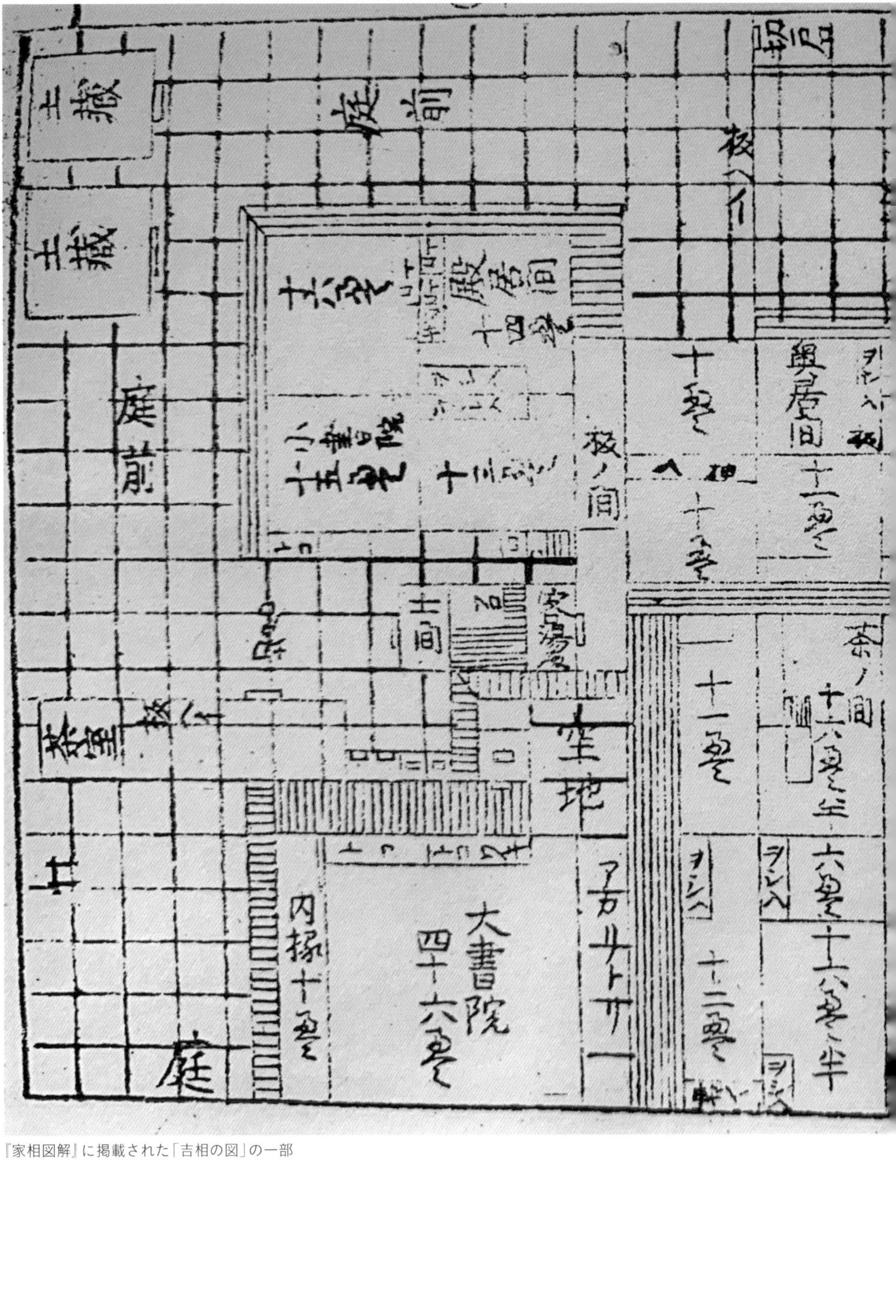

『家相図解』に掲載された「吉相の図」の一部

戸時代の家相書に見る和室の姿を、家相書『家相図解』（寛政一〇（一七九八）年、松浦東鶏著）の挿絵とともに紹介したい。

図1は家相書『家相図解』の「間取り吉凶の弁」という項目に示される「四畳半の間直し方用いたる図」である。この項では、挿絵とともに吉相の住まい、凶相の住まいとその直し方が示される。本文には「下に図を出す所の四畳半の間は、望不成就の理有って散財を主る。尤も茶室に用ゆる間は理前軽薄なり。本宅にて平生世用繁き間にこれあるは、至って凶なり。図の如く内法の儘にて大目五畳に直して可なり。」とある。

著者は、通常の四畳半はどのように畳を敷いても凶相であるとし、図のように「大目五畳」に直すと吉相になる、とアドバイスをしている。また、母屋でよく使う部屋がこの仕様であれば望みが叶わず散財するなど問題が大きいが、茶室に用いるなどの場合はそうでもない、とも記している。この家相書では一貫して「本宅の平生世用繁き間」は吉相に整えるべき、との指摘が見られる。

図2は「六畳、七畳に半畳板間を用いたる備え」であり、これは「至って凶」であるという。本文には「下に顕す図のごとき六畳、七畳に半畳板間を用いたる備え等、至って凶なり。この間に主る人、身の上尅害あり。主人ある人は永く暇を受くべし。或いは中症を発し、半身叶わざるの患いを生ず。なお住人不相続の意味あり。この間取りその備えたる所によって、床下に石碑仏形の石等籠りこれ有るものなり。年来予が考うる家相の内にも仏石の類を鑑察して堀出させたること、他国にも所々にこれ有り。浪華辺の家より出たるは、各々菩提所に納めれたるも度々これ有り。家相の理より顕るる碑石の類、常人の塚石には有らざるなり。これによって住人に崇りこれ有る所なり。」とある。

信心深い人がこのような家相判断をされようものなら、今すぐにこの部屋の地下を改め、お払いをしよう、そしてこの間取りは避けよう、と思うだろう。そもそも信心深くないと家相相者に鑑定を依頼しないだろう。かくして家相相者は仕事が成り立つし、多少とも気になる人はこのような家相書を手に取ることになる。

「忌み嫌う」べき間取りの存在とその傾向、直し方の対策を知り、新築、増改築、引越の際の参考にするが、「間取り吉凶の弁」以外にも、「土蔵吉凶の弁」「井戸雪

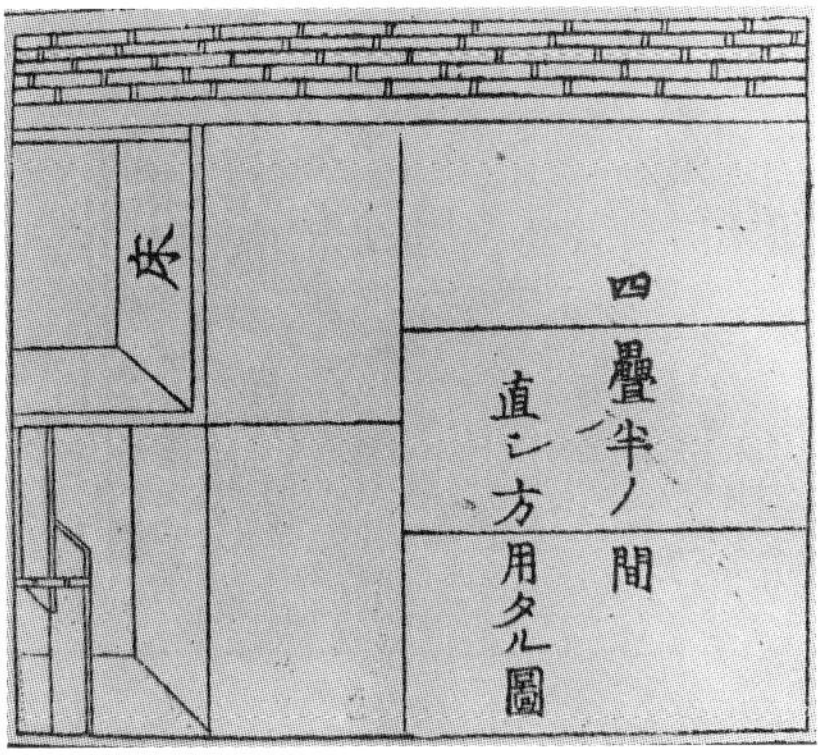

図1「四畳半の間直し方用いたる図」

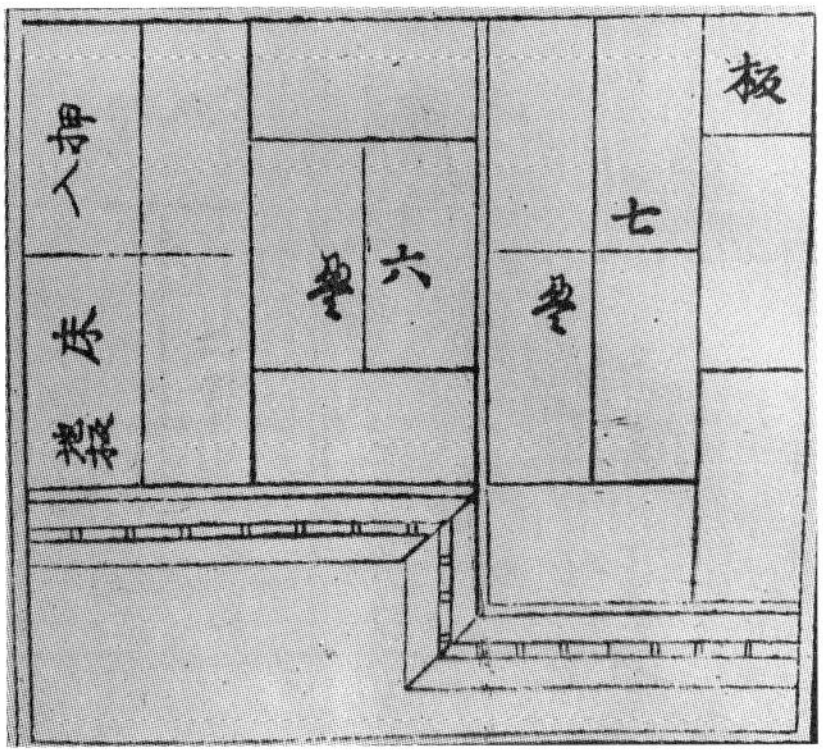

図2「六畳七畳に半畳板間を用いたる備え」

隠吉凶の弁」「池泉水手水鉢等の心得」「神棚吉凶の弁」「仏壇吉凶の弁」「竈吉凶の弁」と項目は多岐にわたる。これは素人の手におえるものではない、玄人たる家相相者に鑑定を依頼せねばなるまい、と事は運ぶのだろうと想像がつく。

『家相図解』では巻末に「吉宅の図」を載せている。図の解説文には「試みに吉宅の図を顕し、弁覧に及ぼす所、禄高およそ三千石有余の武家の館にして、間口三十三間、奥行四十間の屋敷なり。（中略）その外の井戸、上下の雪隠中間部屋、馬部屋等、或いは鎮守稲荷の小社及び建物の備え、調度の置き所まで、ことごとく吉相の理に叶え、間取数都合四十五間、吉を整え図を引く所なり。」とある。

その屋敷の敷地の形状に従い、住人の職業や禄高に応じて図を引くのでこの通りにすれば良いというものではない、との断り書きもある。かくして新築や増改築で何かしらの難を避けたい人は、「何かあると困るから」と家相相者に家相判断を依頼し、あらゆる「忌みごと」を回避したことが推測される。斯道は昔も今も、信じる人は信じるのである。

従う

主従関係と書院造

小沢朝江

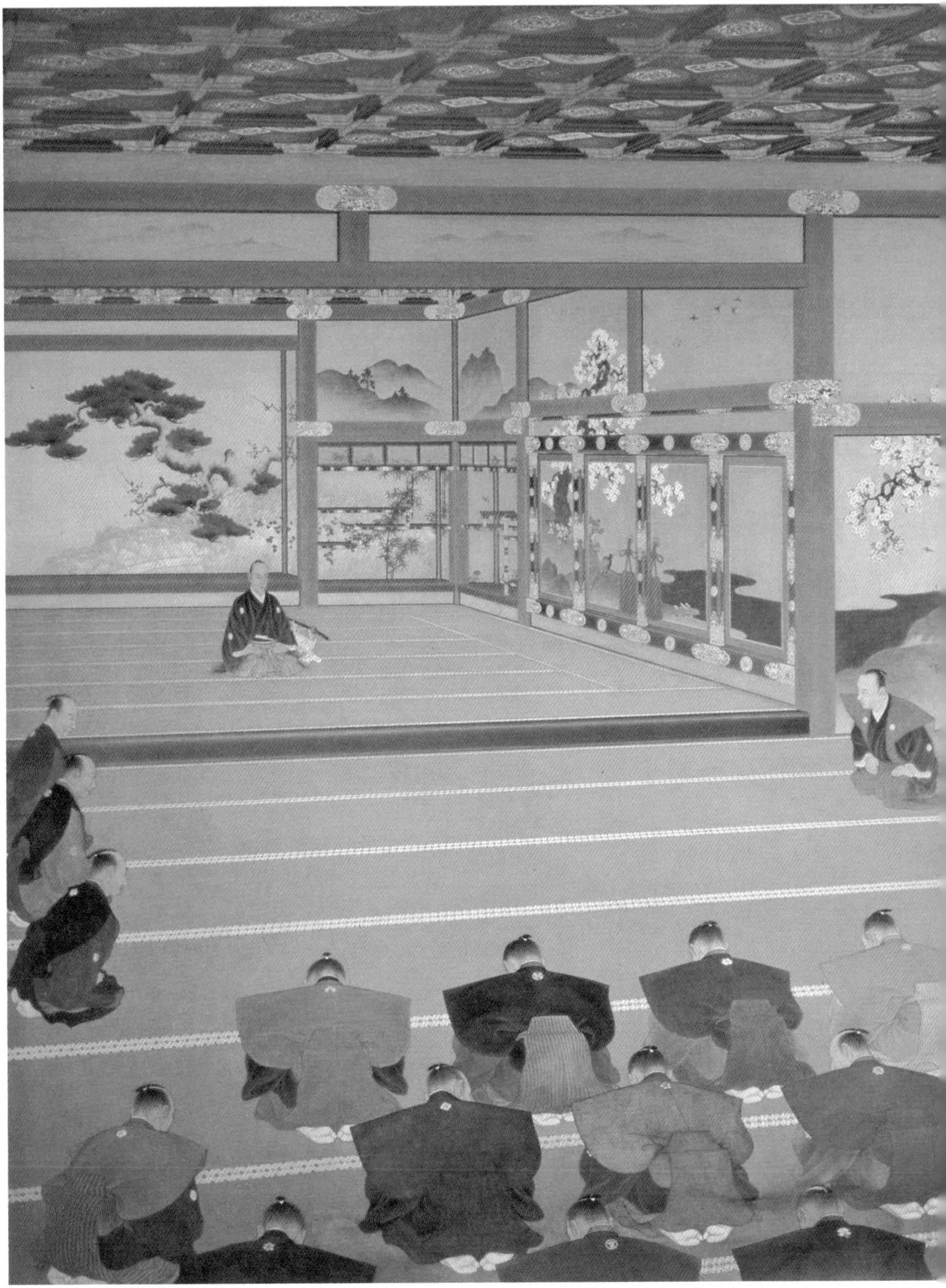

邨田丹陵筆「大政奉還」(昭和10年)

金碧障壁画の前に居ならぶ武士たち。

この絵画は、幕末の大政奉還の場面を描いたもので、教科書にもよく取り上げられる。作者は日本画家の邨田丹陵、明治天皇の功績を伝える聖徳記念絵画館の壁画として昭和一〇（一九三五）年に制作された。実際に大政奉還が諸藩に伝えられたのは慶応三（一八六七）年一〇月一三日、二条城二の丸御殿の大広間で老中板倉勝静によって将軍・徳川慶喜の書状が伝達された。絵画ではこの決定的な場面ではなく、その前日に慶喜自身が幕府の重臣らに意思を伝える様子が選ばれ、二条城の黒書院がその舞台として考証された。「桜の間」とも呼ばれる黒書院の障壁画が鮮やかに描きこまれている。

画面では手前に重臣たちが平伏し、奥には将軍がひとりで座す。将軍の姿の小ささが両者の距離感を表現する。その間を隔てているのは黒漆塗りの上段框。上段と下段のわずか一八センチほどの床の高さの差が、主と従を厳格に分けている。

この黒書院のような住宅様式を書院造と呼ぶ。障子や襖など引違い戸による間仕切り、畳を敷き詰めた床は、まさに現代の私たちが知る和室そのものである。これらの要素は、すでに室町時代には登場していたが、さらに一六世紀後期に床の間や違棚などの配置のルールが整えられて様式として完成したとされる。下剋上が横行した戦国時代を経て、徳川家康が武家政権を確立すると、その安定した継承のため厳格な身分秩序が重視された。直接会うことで互いの身分差を確認する対面儀式の要請が強まり、その場となる建築には「主」と「従」の立場の違いを明確に示す演出が必要とされたのである。

「身分」も「立場」も、本来目に見えないものである。たとえば現代でも、人は役職や地位が上がると、服装や態度を変えることでそれを示そうとする。目に見えないものだからこそ、目にみえるものに置き換えて表現する必要があるといえる。書院造もまた、「主」と「従」の相違を室内の様々な要素によって表現するもので、まさに身分差を視覚化した建築ということができる。

改めて絵画をみると、床の高さ以外に長押の高さも上段の方が一段高い。天井はどちらも絵を描いた格天井だが、下段側は平らな平天井、上段側は画面では見えないものの支輪と呼ぶ曲線状の支えで持ち上げた折上天井である。天井の仕様には、格天井のほかに竿縁天井・鏡天井などがあり、さらに面や縁の形状により細かなランクが存在する。襖を彩る障壁画の画題にも部屋の機能に沿った定型があり、この黒書院のように桜や松、小鳥を描く花鳥画は表向の典型的な画題だった。書院造では、室内を構成するすべての要素に格付けの規定が存在し、その組み合わせによって部屋の格、いいかえればその場に座る人物の格が表現されたのである。

最も目を引くのは、将軍の背後の床の間で、その右手に二つの違棚、さらに手前の豪奢な枠で囲われた四枚の襖が帳台構である。床の間の左手にある付書院と合わせて「座敷飾」と総称されるこれらの装置は、古くはそれぞれ文机や飾り棚など実用的な機能を持っていたが、書院造ではこれらを一定のルールに沿って主室に配置することが、部屋の格を示す意味を持った。座敷飾は、上段に座る人物の背後を取り巻くことで、下段に座る人物に対して身分の違いを示す舞台装置といえる。

この座敷飾は、江戸時代の早い時期から地域を超えて浸透し、かつ武家住宅のみならず、幕府や藩の役人を迎える上層農家や有力町人を中心に庶民の家にも導入された。現在も和室では、床の間を背にする席が上座であり、その場で最も地位や年齢が高い人が座るという暗黙のルールが存在する。この規定と様式の深くひろい浸透が、床の間を和室の要として四百年以上も存続させたといえるだろう。

もう一度絵画にもどってみよう。画中の人物はみな畳の縁を踏まず、一枚の畳の中に納まる。これは、畳が古くは可動の座具だった名残である。畳は、現在は四つ辻を避けて敷くが、画中では全く気にせず上段框に平行に敷き連ねている。江戸時代の対面空間では、こうした格子状の横並びの敷き方が一般的で、江戸城では儀式ごとの身分に応じた座所を畳の位置で指示していた。上段すなわち将軍に近いほど上位であり、どの畳に座っているか、自分の前後や横に誰が座っているかで、互いの身分がわかることになる。

まるで将棋盤の駒のように、ひとりひとりの人物の位置に意味があり、「人」もまた、天井や床、障壁画と同じように、部屋の格を示す要素のひとつにみえる。書院造は、人もモノも厳格なルールに従って構成される建築様式なのである。

舞う

舞と畳

田野倉徹也

能楽「石橋　大獅子」
シテ　梅若記佳　ツレ　梅若志長

毎年夏の終わり、東京・帝国ホテルで「東西おどり」が開かれる。祇園甲部の芸舞妓と東京新橋の芸者とが、一堂に会する華やかなイベントである。一見夏の風物詩のようだが、二〇一〇年にホテルの開業一二〇周年で催されたもので、その歴史は浅い。祇園甲部の唯一の流派として知られる京舞井上流と、東京新橋に所属する芸妓衆の舞踊が、同時に見られる稀有な機会でもある。京舞井上流は座敷舞のひとつで、畳の上で発展してきた舞である。埃が立たないような雅な動きで、能楽の影響を受けていると言われている。一方の江戸の日本舞踊、花柳流や西川流などは歌舞伎から独立したためにその影響を色濃く受けている。舞台の上で粋な動きを見せる、板の間の上で発展してきた舞ともいえる。

京都の舞妓さんのイメージが、畳の上での舞を一般的なものと印象づけてきた。舞と踊りの世界を見渡してみても、畳の上で舞う行為は特殊なように思われる。能楽や歌舞伎は檜舞台の芸能である。平安時代から続く雅楽や舞楽の高舞台には、「地敷」と呼ばれる三間（五・四メートル）四方から四間（七・二メートル）四方の緑色の布が敷かれる。これは、野外の芝舞台の上で行なわれた名残で、緑の色が用いられる。屋外だったり室内だったりと、畳や茣蓙が敷かれる各地の神楽は、神座《かみくら》に神々を降ろして催されることが起源で、舞われる場所は問われないようである。畳と共に歩んだ芸能はそう多くはないのである。

鎌倉時代から室町時代にかけて部屋に敷き詰められるようになり、江戸時代には庶民にまで普及した畳の空間は多くのマナーを生みだした。「畳の縁を踏まない」もそのひとつ。家紋があしらわれているからとか、傷みやすい部位だからとか、諸説伝えられる。文部省から戦前発行されていた中等学校の礼法教授資料では、敷居や畳の縁だけでなく、座布団のようなものでも屋内では「物を跨いだり、踏んだりしてはいけない」と記されている[1]。武家茶道のひとつ、遠州流茶道では「床の間の手前は畳が平行に入っていることが通常[2]」とされているが、千家に限らず、畳の短辺が床の間の正面に接して敷かれた「床挿し」の茶室は多く見かけられる。一間床の八畳席で広間切りに炉が切られた場合、本勝手の床の間は床挿しとなる。「切腹を連想させる」と控えられるこの敷き方も、茶湯の世界ではごく一般的である。こうした席のお軸を正面から拝見しようとすると、どうしても畳の縁を踏むことになる。作法は、時代によっても流派によっても異なり、畳の上の室礼こそが、人々の日常の世界となった。

従来、お座敷での饗応として舞われたのが座敷舞なので、鑑賞者と演じ手とは同じ高さレベルに居ることになる。ひとつの空間に、見る・見られるの関係が生まれ、和室の要素はさらに深まる。江戸時代のなかごろに完成された能舞台の雛形では、「板敷の高さは広間落縁と同じ高さ也[3]」につくるとされる。広間の畳の高さよりは敷居か腰長押の厚さぶんだけ低くなるが、鑑賞者と演じ手とが畳を介して対峙していることに、能楽も座敷舞と同様の構成があるといえる。能舞台の正面にはお殿様の見所があり、近代以降は玉座となり、今でも正面席・脇正面席・中正面席という、客席の優劣につながっている。能楽師には自身の演技を顧みる客観的な目線が必要だとして、能の大成者・世阿弥は「離見の見」という言葉を書き遺した。この客観的な目線は、鑑賞者と演じ手が同じ高さレベルにいることが前提であることを忘れてはならない。

この距離感は能楽の演出にも影響を及ぼす。「二畳あれば稽古はできる」は当代の名人の言葉。正方形の空間を基本として、与えられた時間と舞台の広さに応じて、舞は水平に拡がっていく。三間四方の平らな能舞台に敢えて「高さ」をつくるときには、「一畳台」というつくりものが据えられる。たとえば、「石橋」という演目の場合、一畳台を文殊菩薩の浄土にかかる苔むした石橋に見立て、紅白の獅子が躍動感ある舞を見せる。丈六尺二寸、幅三尺一寸、高さ八寸[4]の大きさの台座を、絢爛な「台掛け」という掛け布で覆って牡丹の花が飾られる。二つの一畳台を互い違いに配置することで遠近感を生み出したり、ほかの演目でも、橋や寝台の他、身分のちがいなど、さまざまなものに見立てられる。

近代数寄屋の大家として知られる建築家・吉田五十八は、自身も長唄を謡い、長唄研精会の理事長を務めた経歴を持つ。歌舞伎十八番の「助六由縁の江戸桜」では素人衆として河東節を謡い、三番叟の舞台美術も手がけるほど、芸能への造詣も深かった。結果茶湯との関係が深い数寄屋造だけでなく、数寄屋造と関係の深い料亭建築にも大きな影響を及ぼした。「いどころがちゃんとすれば一人前」であると彼は残す[5]。「あれだけの広い舞台で、どこが自分の坐る場所か、間がわかるようになれば一人前というわけだ」。天井の竿縁や廻縁、隅柱などを省略して明朗性を上げたことに加え、この見る・見られるの視点を理解していたからこそ、花街の建築を思いのままに設計できたということになる。

能舞台の形式のひとつに、建物の中に組み込まれた「座敷舞台」というものがある。西本願寺対面所と白書院の三の間や、醍醐寺三法院三之間、二条城本丸御殿次之間、などが知られている。普段は大広間であるが、能が演じられるときには畳を上げ、橋掛や後座、脇座の形に板の間をつくる。畳の下地に幅広の桧板が敷かれているだけでなく、床下には甕が据えられていて、座敷に即興の能舞台が現れる。一方の、敷き残された見所は、畳の縁に合わせて座布団が敷かれ、観客は見事なまでに日常のマナーから芸能と対峙する。畳の有無は、日常と非日常とを生み出す舞台装置の役割も果たしているのだ。

▼1 礼法研究会『礼法要項解説』（帝国地方行政学会、一九四一年）
▼2 「第31回公開討論会『茶人と茶室』」『天霽（てんせい）』四〇号（公益財団法人小堀遠州顕彰会、二〇一八年三月一日号）
▼3 伊藤平左エ門 校訂・解題「武家雛形」
▼4 「一畳台寸法図・能作物寸法図・提灯寸法図」（早稲田大学図書館蔵）
▼5 「現代日本建築家全集3（吉田五十八）」（三一書房、一九七四年）

Ⅲ
技

磨く・擲《なぐ》る・塗る・洗う

数寄屋の仕上げ

中山利恵

「擲る」（株）原田銘木店　原田隆晴氏

和室をつくり上げる木部や壁面の仕様は、実に多様である。皮付きの丸太柱や垂木、鉋で丸太にツラ（面）を付けた面皮柱、漆で仕上げた床框もあれば、角柱の木部全体を色付けする事もある。その柱間には土壁や貼り付け壁に、大小様々な開口と建具たち。これらの仕上げに

「洗う」洗ヤ野口　品川修章氏

「塗る」(有)京壁井筒屋佐藤　藤原吉伸 氏

「磨く」中村外二工務店　升田志郎氏

応えるためには、大工がノミと鉋を振るうだけでは間に合わない。ここでは、和室を彩る数寄屋の仕様を支える四つのふるまい「磨く」「擲る」「塗る」「洗う」を挙げて、その職人の技に注目していきたい。

意匠と材の加工によって、大工が木材に磨きをかける工程がある。「うづくり」と呼ばれる仕上げがその代表だ。木目には春に育った早材と秋に育った晩材があり、色が濃く硬いのが晩材で、早材はその逆である。木の表面をササラやカヤでこすると、早材が凹み、晩材が浮き出す。その凹凸を際立たせ、木目の風合いを楽しむのが「うづくり」の趣向である。さらに、茶室の天井などに用いるへギ板は、板を薄く剝ぐように割ってつくるため、木目に沿った自然な凹凸ができる。これも仕上げに大工が磨く。屋根材にも使用される刈萱《かるかや》を箒状にまとめたものでこすると、へギ板の目が整い、自然な艶が出る。それを網代で編めば、剝ぎでできた凹凸と、板の重ねとが、面白くも品のある風情を出す。

また、床脇などの点景に、不思議な彫り跡のある木材が使われている事がある。表面が荒くも一定の間隔で彫り込まれ、その面ごとに杢目が表れ、部屋にやわらかな風情を醸しだす。「なぐり（擲り・名栗）」と呼ばれる仕上げがそれだ。一般に栗材を用い、斧や手斧で丸太を製材する過程でできた削り痕が装飾として取り入れられた。六角に削り落とした材の面を、さらに細かく凹凸を付けて落としていく角材がよく知られているが、ひろい面を一定の削りで加工していくなぐり板もある。削り跡の間隔・大きさ・整いつつ乱す表情の見え方を　手斧一つで決めていく。木の目を読み、歯を振るう方向を見極め、強すぎず弱すぎず、一定のリズムで手斧を振りながら、材が仕上げられていく。巧まずも自然ななぐりの目が鱗のように板を覆った時、和室にまた一つの景が生まれる。

木工が終われば、一般にも馴染みのある左官の出番である。下地に竹で小舞を組んで、まずは砂とワラスサをしっかり混ぜた荒壁土を塗りこむ。裏返し、乾燥を経て荒壁が仕上がれば、さらに細かいスサと砂を多めに混ぜた中塗り土で、壁を塗りこめていく。自然素材による手仕事ならではの凹凸を楽しむなら、荒壁や中塗りで仕上げるが、基本は最後に漆喰や色砂壁などで仕上げ塗りを行なう。職人の手で決まる最も重要な工程だ。特に気を張るのは、人の目の高さの壁面、塗り籠め等の造作、チり際だろう。チリとはすなわち壁と木部に段差を付けた取り合いのことで、その際の処理が仕事を決める。一方、際も左官で塗り回す塗り籠めの造作は、当て木で養生しながら、壁際、小口、裏面を鏝《こて》で塗り押さえて形を決めていく。柔らかな土壁で形成された角面が、和室に味わい深い奥行きと陰影をつくりだす。

工事完成後、最後の仕上げに腕を振るう職人がいる。「洗い屋」である。外黒内朱に塗られた手桶のほか、水を張った大小様々なバケツに柄杓や箒にブラシを現場にならべると、シュウ酸を溶かし、濃度の違う薬液を、手と舌で確かめながら決めていく。工事直後の木部は一見綺麗に見えるが、現場に入った様々な職方の指紋や汚れが付いている。この洗いを怠れば、数ヵ月後には白木の木部に指紋が浮き出て、施主のお叱りを受けることになる。作業としては、まず箒で木部に水を塗布し、次に薬液を塗布し、さらに水拭きで仕上げる。人の手や足の当たる柱や床板などは、つや出しと汚れ防止のためにワックス混じりの薬液で拭き上げる。床柱や造作板はもちろんのこと、白木で仕上げた木部すべてに目を通すため、床の間内部や見え隠れの際など、使う人にしか目の届かない部位にも思わぬ汚れを見つけては、箒とブラシを使い分け、手早く洗い上げていく。洗い屋によってすべての木部に目が通され、洗い上げられた建物は、ひときわ凛とした完成美を湛えて、引きわたしへと臨むのである。

和室には、人知れず様々な工程で、丹念な職人の手がかけられている。自然素材と手仕事ならではの柔らかなくつろぎや、技工を凝らして生みだされた緊張感と美を感じた時、そのつくり手達の技にも、思いを馳せてみてはいかがだろうか。

「なぐり」に用いる手斧

締める

締まり嵌めと隙間嵌め
伝統建築におけるものの組み立て方の行方

松本直之

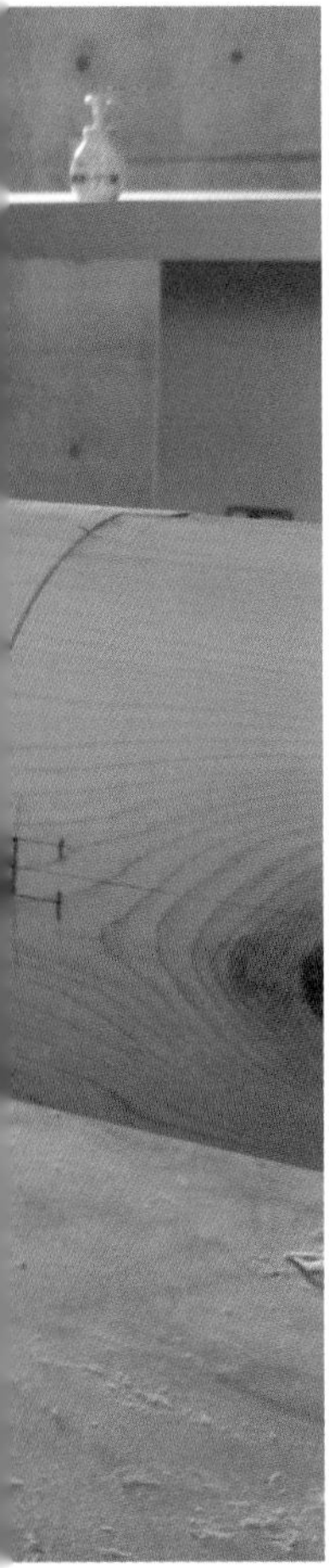

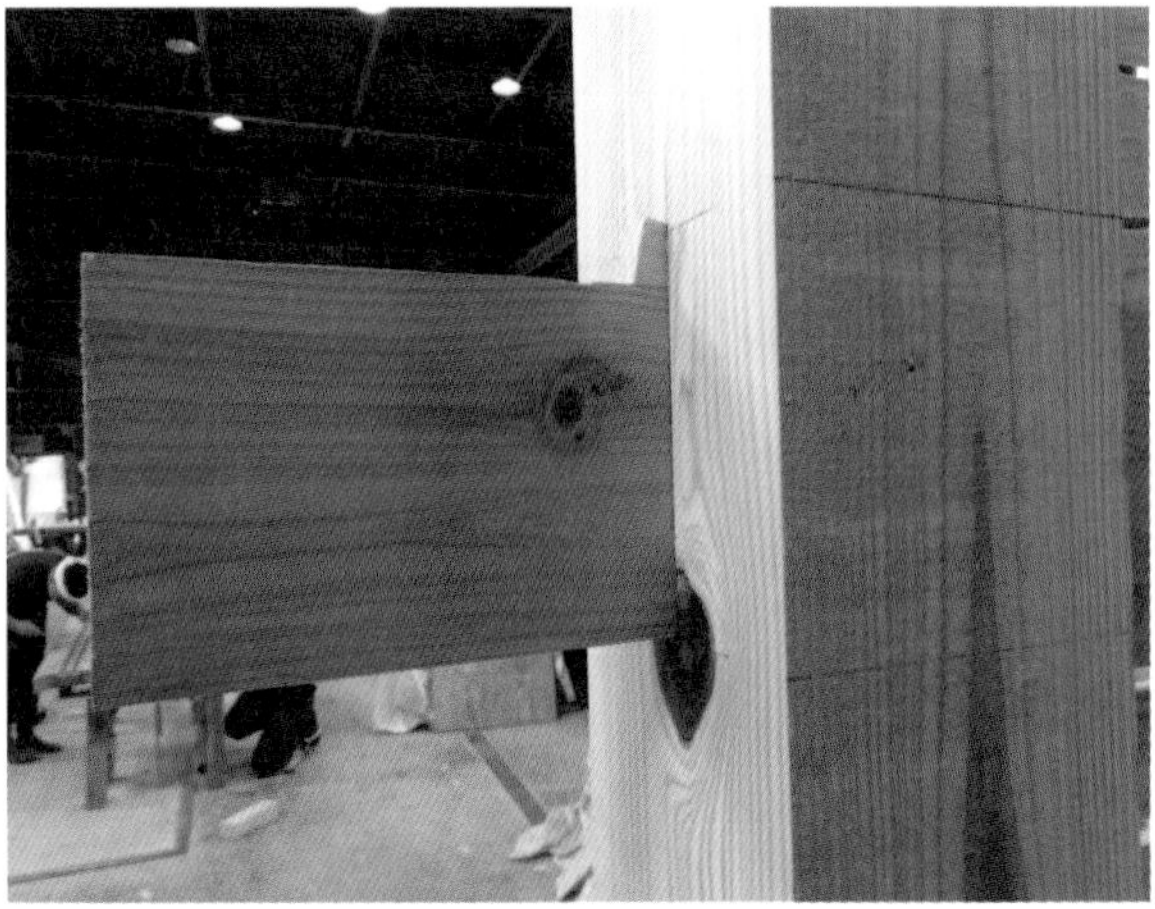

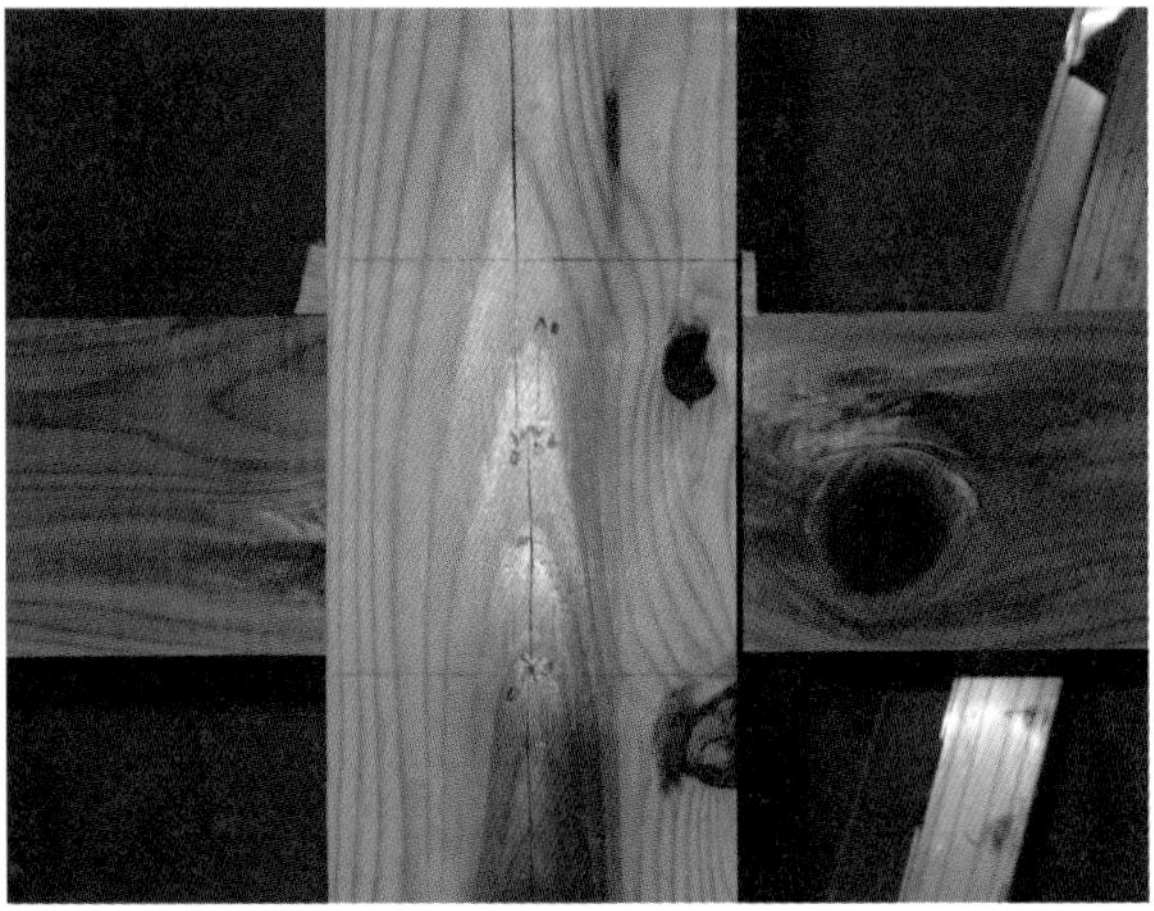

締まり嵌め：楔を打って固めた貫接合部

ひかりつけ（三溪園聴秋閣）

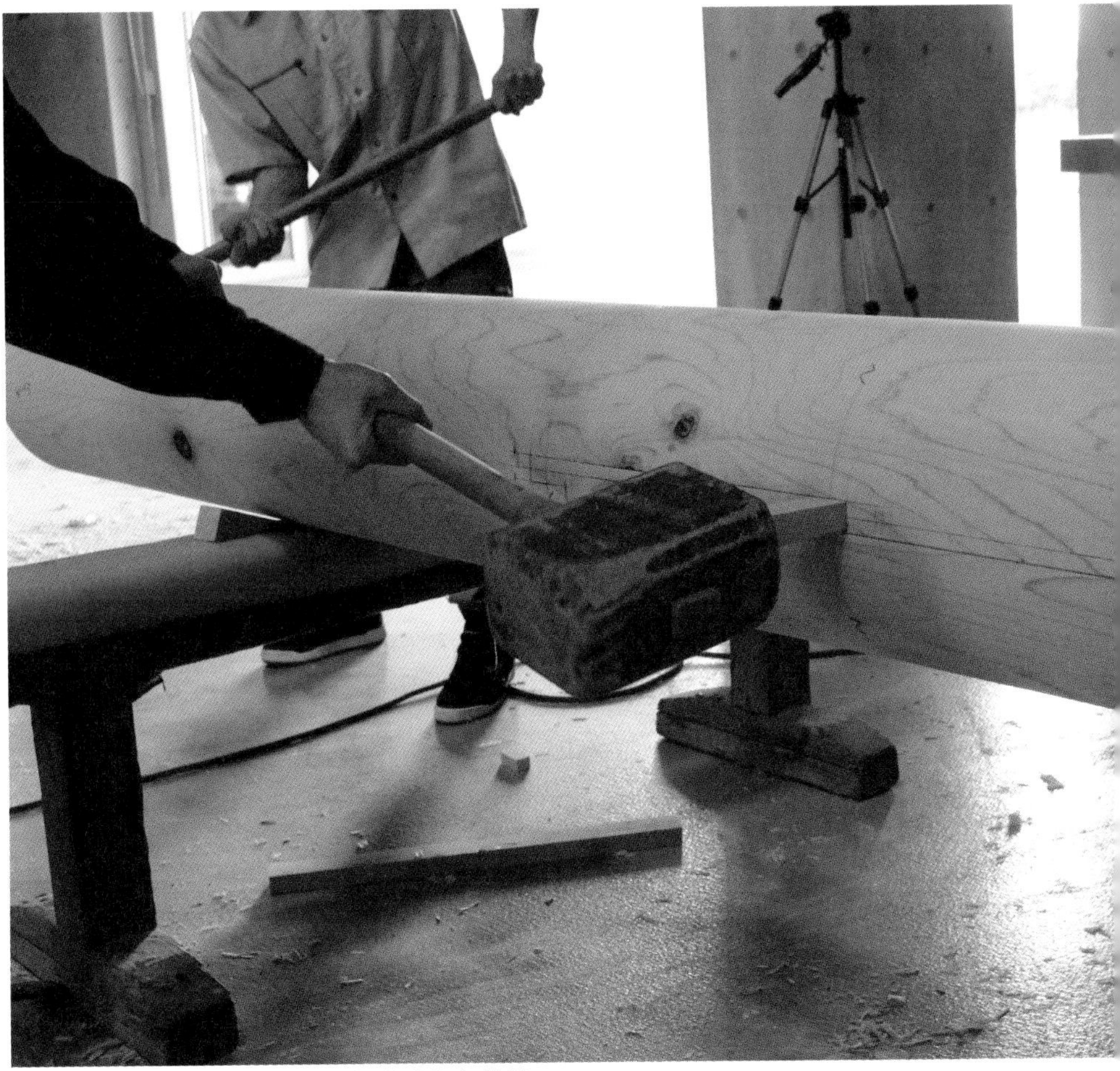

締まり嵌め：栓を打ち、接合部を締め上げる（金輪継ぎの製作）

日本の伝統木造建築の多くは柱梁で構成される軸組構法で建設され、様々な建具や設えとともに独特の空間を形づくってきた。明治以降には洋風建築も現れ、昭和期以降には大壁を用いた新興数寄屋をはじめとした新たな和室の空間も試みられてきたが、今でも和室といえば、木組が現された空間や敷き詰められた畳が思い浮かぶのではないだろうか。実は和室には、木材や畳といったもの自体だけではなく、その組み立て方にも、強い特徴がある。それが、本稿で紹介する「締める」技法である。畳の上げ下ろしや、組子の修繕など、和室をつくっているものに触れる中で日常的に行なっている行為が、木や植物の材料をうまく使う知恵に基づいているのである。ここでは、その技法について概説し、また現代における応用についても紹介する。

伝統木造の接合部は「嵌合《かんごう》接合」と呼ばれるように、木材同士が嵌めこまれて互いに接触して成り立つものである。部材を密着させることで、見え掛りを整え建物の安定性を高めるために、接合部は様々な方法で、「締められた」状態にされる。たとえば、栓や楔を隙間に打ちこんで固める、わずかに穴よりも大きめにつくった（締まり代のある）部材を潰し叩きこむ（「木殺し」）、生木の乾燥収縮によるほぞ穴の縮みを利用する、などの様々な工夫が施されてきた。どれも木材の変形や加工のしやすさを活かした手法である。他方、畳をつくる際、通常畳職人は建設中の建物に赴き、畳の納まる部屋を実測し、そこに合わせて、藁床の大きさ、縁の巾や目の位置を調整し畳を製作する。そして、その畳はわずかに大きくつくられる。藁床と藺草表でつくられた畳は柔らかく、叩きこむことで床組と隙間のない敷き詰め畳ができ上がる。

これらの木組の継手・仕口や畳のつくり方には、共通するもののならべかた・組み立て方の原則がある。それは、「締《し》まり嵌《ば》め」と呼ばれる、隙間をつくらずにものをならべてゆく技術であり、言い換えれば、変形・加工の容易な材料の性質を利用し、二つのものの接触状態を直接に調整する接合方法である。一方、対照的な技術もあり、それは「隙間嵌《ば》め」と呼ばれる。こちらは、煉瓦や金属といった変形の容易でない材料を、部材同士の隙間を考慮してならべ、のちに埋める・留める接合方法である。目地を設けて煉瓦を積んでいく様子や、わずかに大きめのボルト穴を設けた鉄骨梁を、ボルトで留めながら次々と組んでゆく様子を想像していただきたい。どちらも、建物をつくる際に、どのように寸法の誤差を調整しながら最終的なものを仕上げるのか　材料の性質を見極めながら発達してきた技法だといえる。これらの分類自体は、一九五〇年代の建築モデュールに関する学術的な議論の中で生まれたとされ、機械部品のはめ合い接合（JIS B 0401）における公差の考え方と用語を同じくするものの、その指すところは建築のつくり方にかかわる、より広範な概念となっている。

木材の締まり嵌めは古来洗練をつづけてきた技法であったが、近代以降、建物の性能を定量的に捉える観点からは、評価の難しいものでもあった。接合部を一体化し安定させる効果があることはひろく知られていたが、そのもととなる木材同士の摩擦や圧縮によるめりこみ抵抗の挙動を定量的に把握し、制御することは難しく、金物を用いた接合（「隙間嵌め」）に大きく依存することが多かった。しかし一九九〇年代以降には、稲山正弘のめりこみ理論など、力学的な観点からの締まり嵌めの評価が確立しはじめ、現在では、伝統木造に限らず、集成材やＣＬＴといった新しい木質材料の設計においても、木と木の相互の応力伝達を考慮することが行なわれている。締まり嵌めと隙間嵌めが共存することで、現代の木造建築は成り立っているのだともいえるだろう。

　締まり嵌めの例をもう一つ挙げよう。締まり嵌めは、材料相互の剛性のバランスを考慮して他方を変形させ密着させる方法であるが、その極限を考えると、伝統的なひかりつけにたどり着く。石場建ての礎石と柱の境界や面皮柱の交差部分に見られる精巧な加工で、一方を他方に合わせて削り取り、隙間なく仕上げる技法である。ひかりつけには高度な木工技術が必要であり、現代では多用されるものではないが、現代の技術ならではの新たなひかりつけも現れつつある。たとえば、筆者は現在、伝統木造の小屋梁のような、丸みや凹凸のある部材に対して、３Ｄスキャニングや３Ｄプリンティングを用いることで、複雑な形状をトレースしたオーダーメイドの補強を行なう手法の開発に携わっている。部材を雄型とし、一体化するようにつくりだす補強のあり方は、ひかりつけでもあり、締まり嵌めの現代的応用としても捉えられよう。

　もの同士の関係性を部位や現場ごとに調整することで成り立つ、伝統的な締まり嵌めの技法は、工学的な性能や経済的な合理性を求める中では評価の難しいものとなりつつあった。しかし、工学技術の発展を時に導き、時にそれに支えられることで伝統技法とその考え方は息を吹き返し、今でも新鮮な建築を生みだしている。一つひとつの部材同士の関係性を見極め、「締める」和室の技法は現代においても生きつづけている。

参考文献

・藤澤好一監修、田處博昭『木造建築の木取りと墨付け』（井上書院、二〇〇一年）
・内田祥哉「和室に現れる日本建築の文化の本質」（日本建築と和室―和室の文化的な価値を巡って― シンポジウム 基調講演、二〇一七年）
・日本建築家協会『モデュール』（彰国社、一九六二年）
・稲山正弘「木材のめりこみ理論とその応用：靭性に期待した木質ラーメン接合部の耐震設計法に関する研究」（東京大学博士学位論文、一九九一年）

納める

ディテールの職人技

牛田の家　和室（以下同）　南面。踏込床の床の間。鉄刀木の床柱とブビンガの落掛け、袋棚を支えるウォルナットの框材で水平と垂直のラインを整えている。床の間に貫入する西面の袖壁は優しい鏝づかいの漆喰塗で光が乱反射する柔らかい壁としている一方、床の間の奥の壁は黒漆喰の艶のある磨き仕上にして対比させている

西面。上階の家族室へとつづく2本組の四寸角の通し柱が現しになっている。内法高さを抑えた小壁と腰壁に切り取られ、背後の壁から独立してリズムよくならぶ桧の素木は、構造体というよりは何か写真に納まった木立のようにも見えてくる

竹原義二

北面。庭を望む大きなピクチャーウィンドウと、太鼓張りで余計な線を消した障子を設けた。ほかの壁面よりも大らかな割付けとし一息つけるような納まりとしている。開口部直上の竿縁は庭の方向へわたすことで、視線を庭へと導いている

東面。草庵茶室の持つ土壁を、同じく土を材料とした煉瓦に読み替えている。出目地に積んだ煉瓦が為す陰影からは、土壁同様に職人の手の痕跡が窺える。煉瓦壁の両サイドは建具、小壁はガラスとして周囲と軽やかに縁を切ることで自立壁であることを強調している

天井。割れが入ったり半端な寸法の為に材木屋に取り残されていた広葉樹の端切れ材を、畳割のように合わせ目が十字にならないように、黄金比、白銀比に近づけながらも壁面の柱位置とそろうように竿縁で割り付けた

私は和室の設計をする時に、先人たちの手法を引き継ぎながらも新しい手法を模索し、「和室」ということばに囚われないモダンな空間になるよう心掛けている。

牛田の家は閑静な住宅街に建つ夫婦と子ども三人が暮らす二階建て・一部ロフトの住宅で、家族が集まる賑やかな場を二階に、夫婦の寝室と和室を一階に配している。敷地奥の庭に面した和室は四畳半の畳に床の間と踏込みの板間がついた平面で、普段使いができるよう落ち着いた佇まいでありながらも、使う度に新鮮味を覚えるような、少しの緊張感が漂う納まりを目指した。

玄関から奥に向かって歩いていくと、和室入口の煉瓦積の自立壁が見えてくる。アプローチの廊下は漆喰塗を基調としているので、一線を画すこの仕上げは他室とは異なる特別な部屋であることを予感させる。一歩足を踏み入れると、勝ち・負け・留め・控えなどの様々な納まりが織りなす空間がひろがる。隣り合う面、向かい合う面をどのように取り合わせ、どのように対比させるのか。空間の質を決定する要がここにあると思っている。

たとえば床の間と西面の小壁の取り合い。床の間のブビンガの落掛けは三〇ミリの見付とし、鉄刀木《たがやさん》の床柱を挟んで連続するガラリとそろえて溝を切った。床の間の奥の壁との間に十分な奥行きがあるため、水平ラインを強調した存在感のある寸法としている。一方で西面の小壁の落掛けは見付六ミリの刃掛けとした。細いが鋭く明確な線を引くことで、すぐ背面に立つ構造柱に意識を向かわせる納まりとなっている。そして内法高さを抑えたその小壁を、床の間に対して貫入させることで関係性を持たせ、違いをより知覚させているのである。

床は、縁なしの目積畳とウォルナットの踏込床の床の間でモダンな印象にしつつ、壁面との取り合いを同面の畳寄せではなく高さ十ミリの地松の雑巾摺で納めている。濃い色の漆塗り和紙の腰壁で空間の重心を低くし、床面との入隅に素木によるシャープな線を挿しこんで見切った。天井面では廻り縁と竿縁に、ウォルナット、鉄刀木、パドックという三種類の濃い色の広葉樹を用いて、そこに天井があることを意識させた。場所毎に面材と線材の色の濃淡を使い分け、図と地を展開させていく。物理的な寸法による勝ち負けのほかに、色の性質を用いた対比のさせ方で、立体的な構成美が生まれるのである。

天井と壁の取り合いでは東面のみ小壁をガラスにして

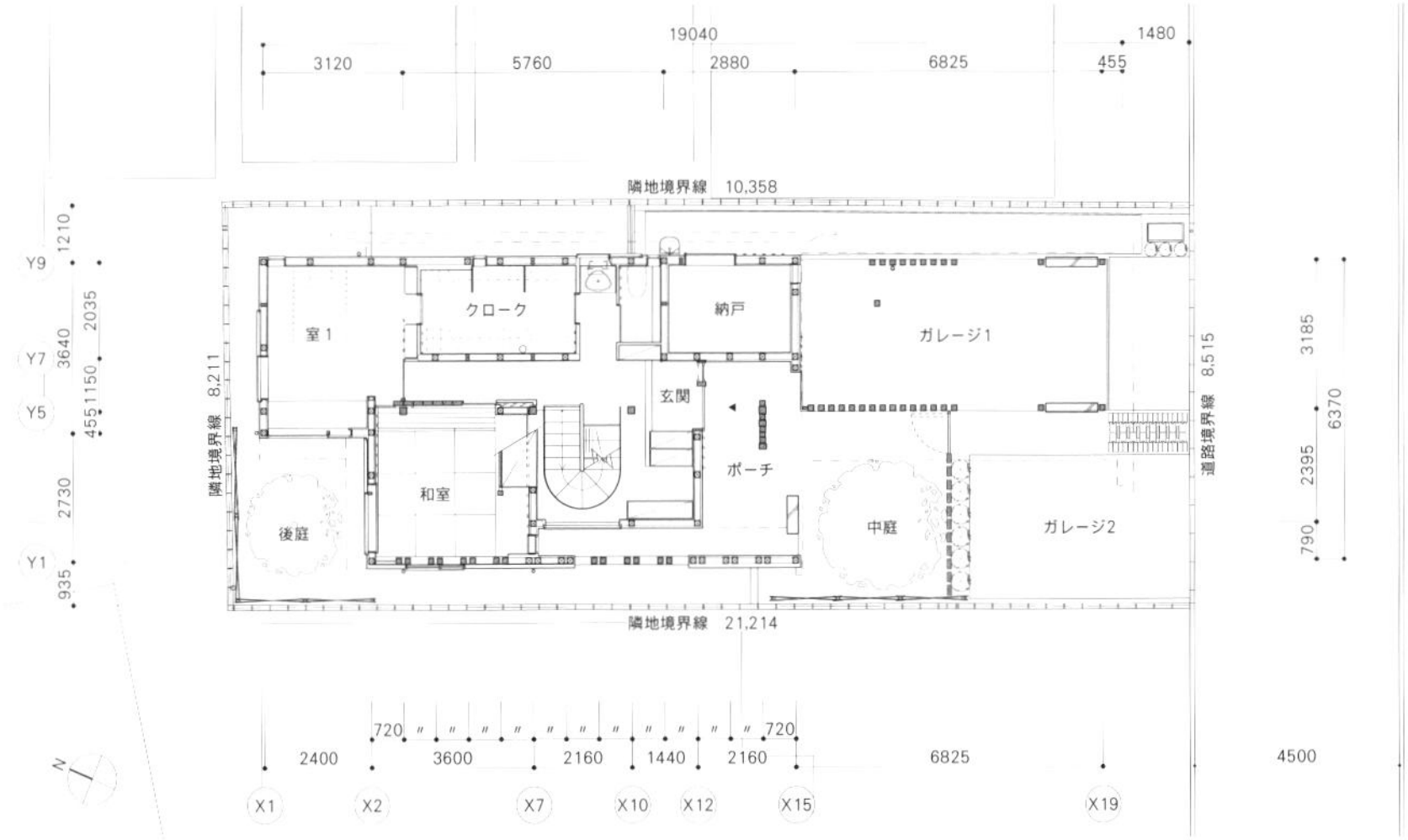

1階平面図

天井面を廊下と連続させつつ、廻り縁で見切った。煉瓦壁と芯をずらして立てた五寸角の桧の構造柱は、廻り縁を止める結界の役割をはたし空間を引き締める。帯鋸で挽いた荒い表情の正面に対して、側面は鉋で仕上げて光を反射させており、煉瓦壁に映りこむ柱の影と透過する小壁が、壁面をより印象的に演出している。廊下から入ってすぐには目に入らない、空間に身を浸してはじめて認識するこの柱こそが、この和室において精神的な中心となる柱なのである。

壁・床・天井の六面に対して、素材と技それぞれに工夫を凝らして納めた。そして各面毎に独立させるのではなく、ずらし、重なり合わせ、呼応させる。素材が持つ生成りの色と射しこむ自然光により、たった四畳半のスケールの中で奥行き感が増していく。本物の素材には、経年することで醸成される美しさがある。それを適切に納めることで空間全体の持つ空気感も成熟していくのだ。

和室が持つ研ぎ澄まされた空間性を担保する、吟味された素材とそれを扱う職人の技。それは決して華美な意匠ではなく、見ようとしない限り見えてこない納まりなのである。

凝る

彫物

図1 渋沢邸「表座敷」2階客間の「桃」の欄間

図2 渋沢邸 階段の手摺

道江紳一

図3 新津恒吉別邸 2階和室の欄間─「月の字くずし」の引用

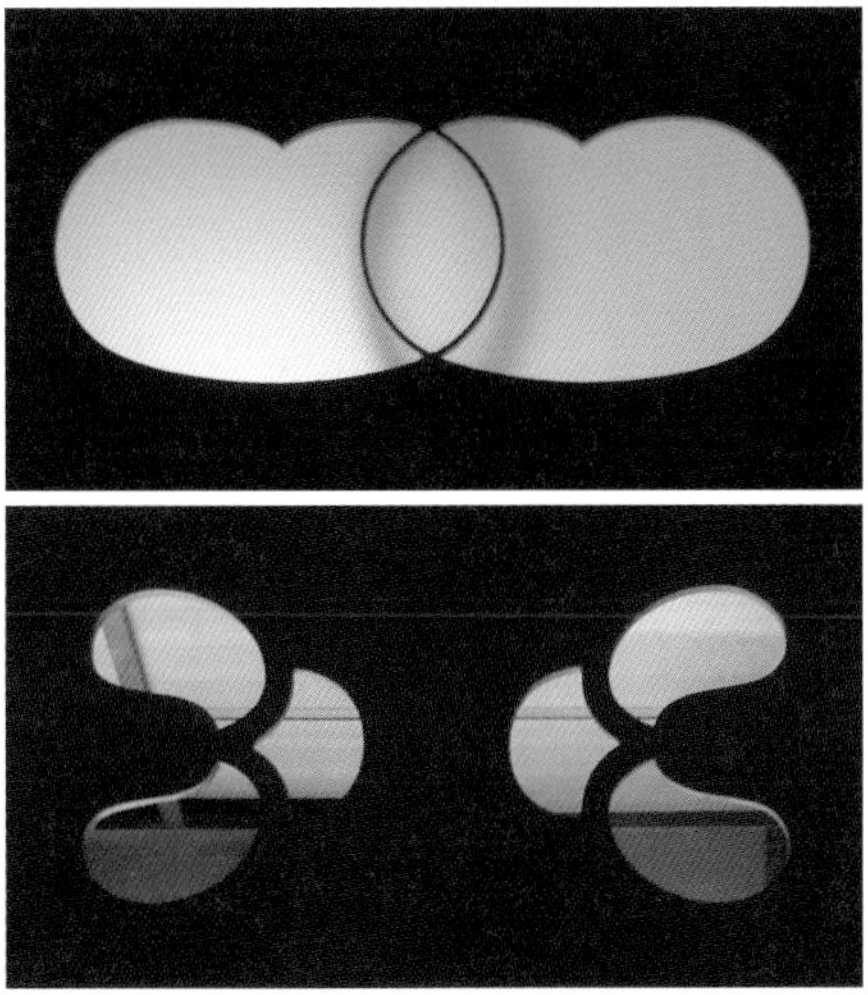

図4·5 二養荘「猪の目」などをモチーフとした欄間

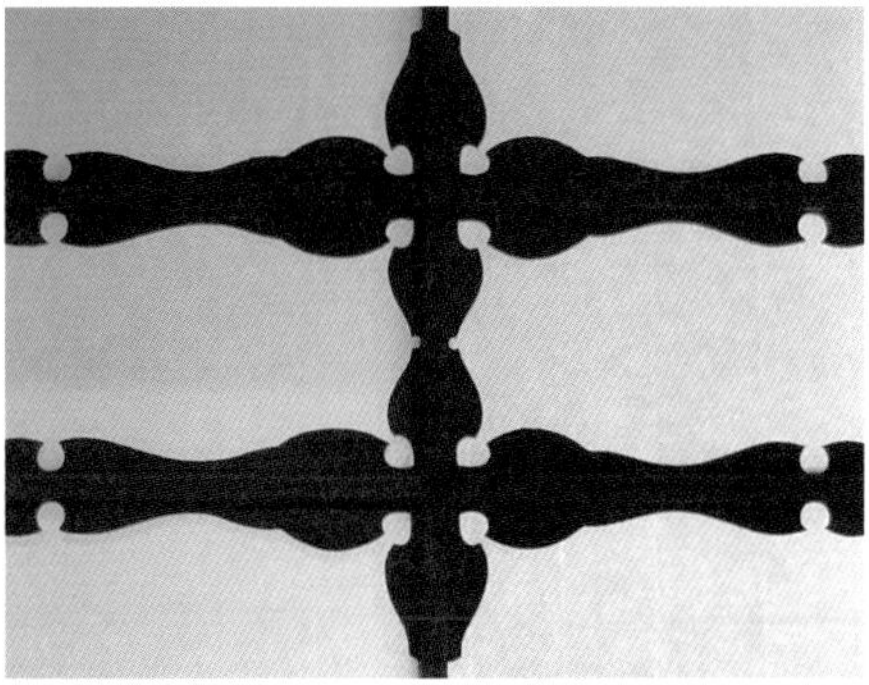

図6 高橋保別荘（現・西紅亭）
1階和室の付書院─花狭間欄間

「五意達者」の「五意」とは桃山時代の工匠が理想とした技で「式尺・算合・手仕事・絵様・彫物」のことである。式尺とは木割、算合は木割値と墨付けの計算あるいは積算、手仕事とは実地の工作で、刻みや継手や仕口の加工、絵様と彫物は彫刻の下絵図の作成と実技を意味する。桃山時代の工匠は徒弟制度の下でこれらの技を習得し、「達者」になり、棟梁をめざしたのである。

これらの中で、「絵様と彫物」についてはデザインの才覚が求められた。神は細部に宿るということばがあるが、部分・ディテールのデザインはその部分のみならず、建築全体の意味を支配することにもなる。ここでの「凝る」というテーマに対して、一番適切な題材となると思われる「彫物」について述べる。

富山県井波町（現在は南砺市）は今でも彫刻師の多く存在する町である。二〇一八年に日本遺産として指定された「宮大工の鑿《のみ》一丁から生まれた木彫刻美術館・井波」としても有名である。一三九〇年に創建された京都本願寺・真宗大谷派の別院である瑞泉寺がこの井波の町にあるのだが、一七六二年の大火で焼失し、その再建のために京都の本願寺の御用彫刻師・前川三四郎が井波に派遣され、地元の大工に伝承されていったのが始まりとされている。仏閣彫刻を中心に発展したが、明治・大正時代には寺院唐狭間に工夫をこらした住宅用の井波欄間が登場し、昭和になると井波彫刻は全国にひろまった。今でもその瑞泉寺の門前町の表参道には多くの井波彫刻の工房が軒を連ねている。彫刻師は今でも総勢二百人位いるとのことである。

一八一五年生まれの清水組・二代目清水喜助（藤沢清七）はこの井波の隣の北川村出身といわれ、喜助の兄の清八は井波に居を構え大工を兼業していた。二代目清水喜助は築地ホテル館、第一国立銀行（当初は三井組ハウス）、為替バンク三井組といった江戸末期から明治初期の著名建築物の大工棟梁として有名であるが、深川福住町に一八七八年に建てられ、その後三田綱町に移築された渋沢栄一・篤二・敬三の住まいであった渋沢邸の「表座敷」部分も二代目清水喜助の手になる。この表座敷の一階居間や二階客間にある欄間は名工堀田瑞松（一八三七〜一九一六）の作で、葡萄（一階）と桃（二階、図1）が透かし彫りにされている。素材はカリンである。また、二階への階段は親柱や手摺子には黒柿、手摺には紅紫檀、波形紋様の板をかぶせたササラ桁と段板には欅の銘木を用いている。手摺子は蟇股を想起させる意匠である（図2）。この銘木は栄一夫人の千代が自ら木場に足を運び選定したといわれている。二階客間の桃の欄間の彫刻の厚みは約三センチである。彫刻の職人は二百本以上の彫刻刀や鑿を巧みに使い分けるといわれ、こうした精緻な芸術作品をつくり上げている。

この現存する渋沢邸は三田綱町から一九九一年に青森県六戸町に移築されたが、現在、清水建設によって東京都江東区への移築工事中であり、二〇二三年秋にはふたたび一般公開される予定である。

「渋沢邸」から時代は下るが、昭和の名工ともいえる建築家の村野藤吾の作品である伊豆長岡の三養荘（新館、一九八八年）。その欄間は「猪の目」をモチーフにしたものなどがある（図4、5）。その近くの伊豆の国市にある旧新津恒吉別邸（清水組・大友弘設計）の二階和室の欄間は桂離宮の「月の字くずし」の引用である（図3）。熱海にある高橋保別荘（現・西紅亭、清水組・安藤喜八郎設計）の一階和室の付書院の上部には慈照寺東求堂の板戸にある狭間格子のアレンジとみられる花狭間欄間があり、外光が入り、和紙とのシルエットが美しい（図6）。二つは昭和十二年の住宅である。

伊東市にある馬越幸次郎別邸（現・暖香園別館きた岡）の一階座敷の付書院には菊をモチーフにした木の欄間がある（図7）。精緻な細工が大工の技によって造られている。「絵様と彫物」は大工や彫物師の職人としての腕の見せ所であり、「凝る」というふるまいが楽しい時間であったことが想像される。

図7 馬越幸次郎別邸　1階座敷の付書院欄間

参考文献

・住総研 清水組「住宅建築図集」現存住宅調査研究委員会編著『住まいの生命力―清水組住宅の100年』（柏書房、二〇二〇年五月）

・『新建築』二〇〇四年三月臨時増刊「清水建設―新たなる棟梁」（新建築社）

・『西Navi北陸』二〇一八年七月号（JR西日本発行）

・『井波彫刻』パンフレット（井波彫刻伝統工芸士会発行）

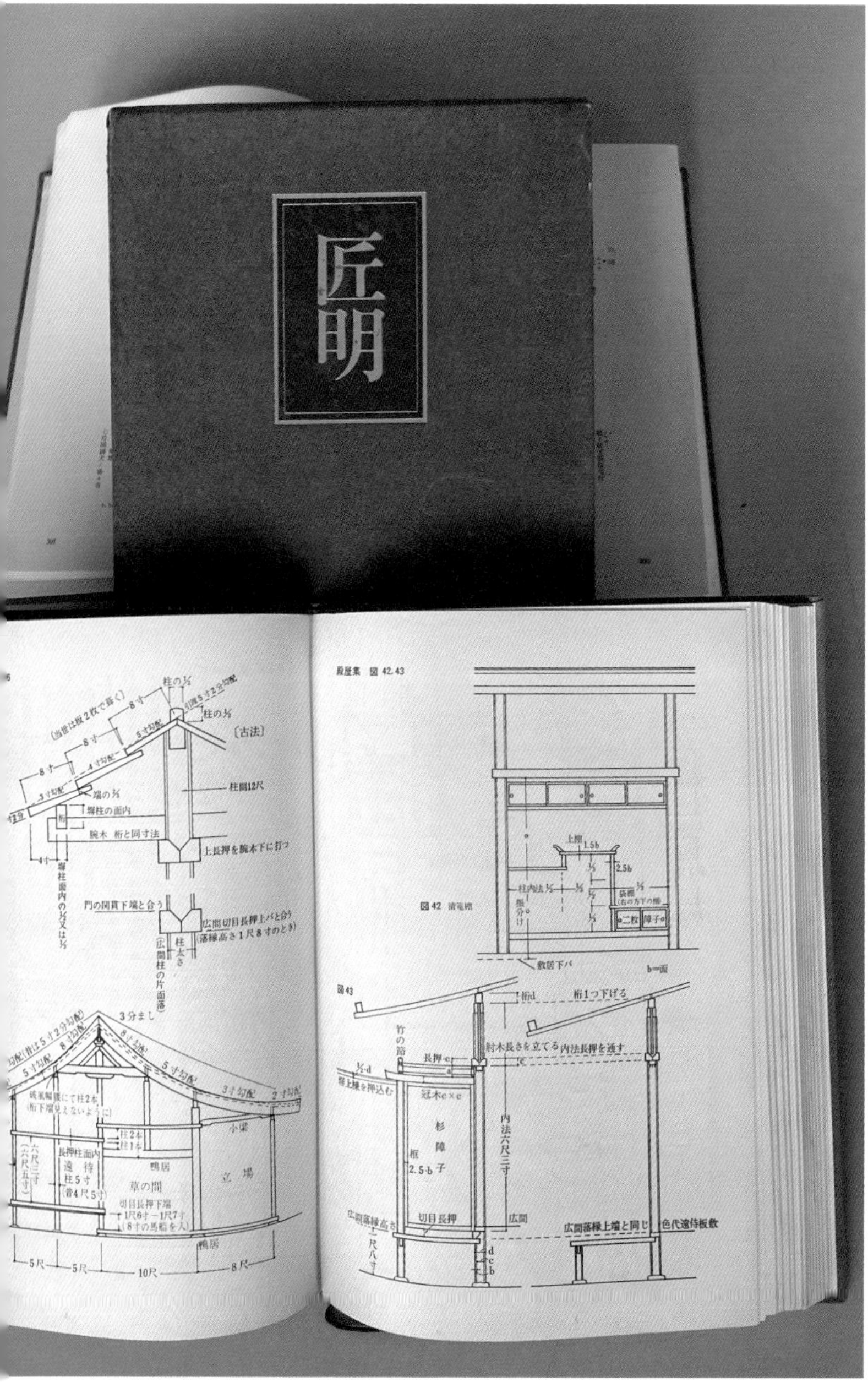

構える

「匠明」

マーティン・N・モリス

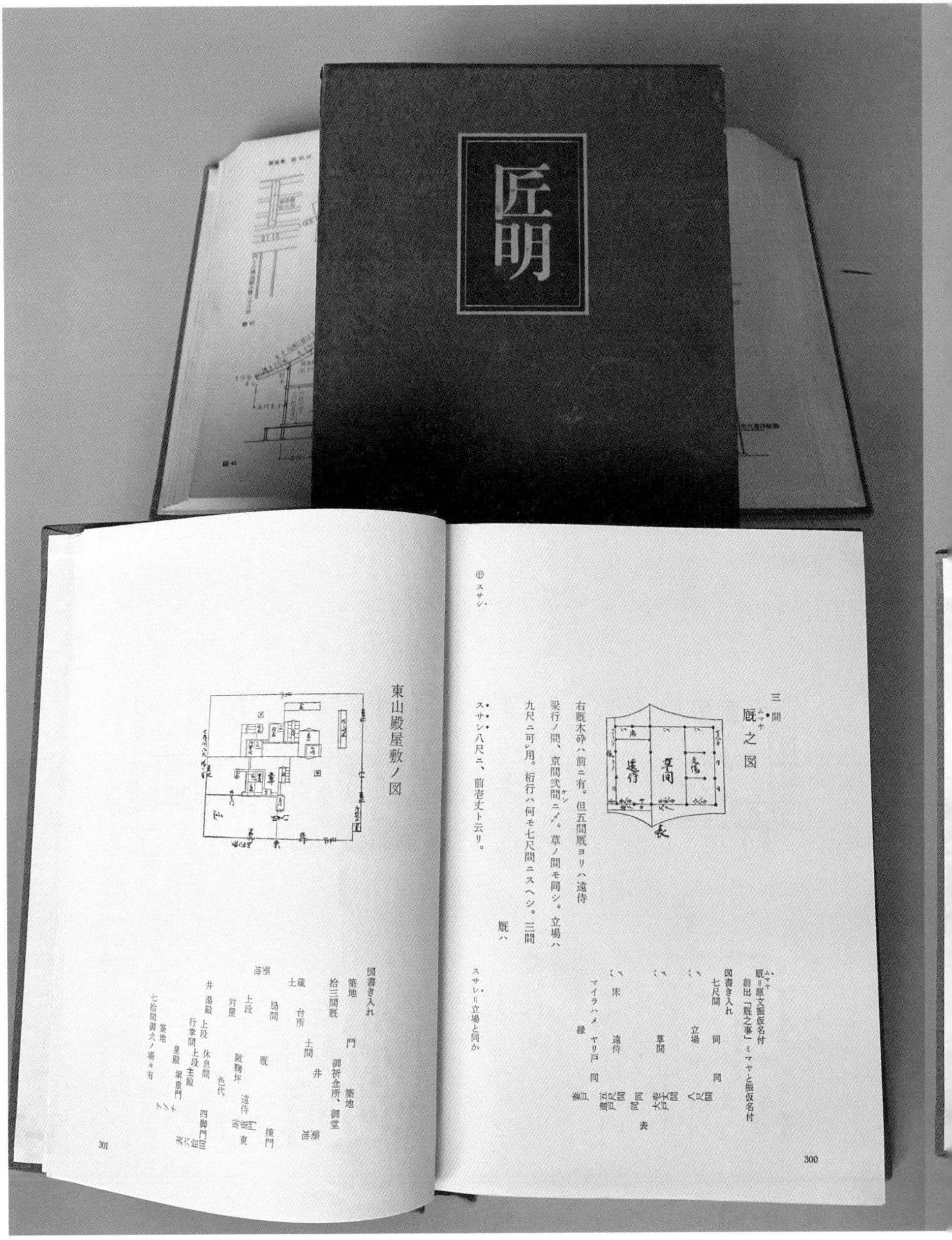

平内政信の木割秘伝書「匠明」（1608年）（太田博太郎監修、伊藤要太郎編、鹿島出版会、1971年）
「殿屋集」から、左は原文における厩等の図とその解説、右は「匠明五巻考」における解説の描起こし

和室を特徴付ける要素――床に敷く畳、部屋と部屋の間や内部と外部の境界に入る様々な種類の建具（主に引き戸）、部屋の上を屋根裏から分ける棹縁天井等の釣り天井――はすべて空間を区切る面を構成するもの。固定であれ、可動であれ、それぞれが、その機能をはたすため、さらにもう一つの要素を必要とする。全体を支える木材の構造体である。木から建築をつくる場合、所謂軸組工法の利用が基本の一つで、その場合、垂直の材（柱）を水平の材（棟に対して建物を直行にわたる梁と、並行にわたる桁）と組んで、屋根や構造体の荷重を集めて、地面まで伝えるように工夫する。軸組み工法では、得られる内部空間に対して、必要な木材の量は壁構造等に比べて少なく、効率が良い。日本の宮殿・寺院・住宅等において、軸組工法は古代から主流であり、住宅において中世末までに成熟に達した和室の発展を可能にした。そのフレームの重要な特徴は、ひろい開口部を自由に得るのに都合が良い水平のブレースの使用であった。中世初期まで、フレームを固定する主要なブレースは、切り目・内法・天井のレベルで利用され、柱の表面に切りこみ、釘や栓で刺し止めた長押であったが、中世の寺院建築において大陸から伝われた大仏様と禅宗様とともに導入された「貫」が水平のブレースの役目を長押の代わりに引き受けた。幅が柱の三分の一ぐらいで細い貫が土壁の中に隠せる。そのため長押が装飾化し、正式な接客空間に残る一方、より非公式かつくつろいだ数寄屋風書院造において省略されてしまう。

フレームの設計手法を伝えるものとして、徳川幕府に仕えた大工棟梁平内政信により、秘伝の木割書として慶長一三（一六〇八）年にまとめられた設計の基本を伝える五巻から構成される「匠明」という貴重な史料が江戸中期の模写として残り、現在東京大学に保管され、太田博太郎先生の監修、伊藤要太郎氏により編集され、解説付きで一九七一年に出版されていた。五巻は門、社、塔、堂、殿屋と建物種別に分けられ、その中から、「殿屋集」は住宅建築を扱うため、和室に対するフレームの組み方について特に関係している。しかし、多くの設計図面に出会うと期待してひらいたら、失望する。まず、図は限られた種類の建物の簡単な平面図や屋敷、伽藍等の配置図だけであり、デザインの詳細はすべて文書によって説明されている。幸い、伊藤氏は「匠明」の編集に当たり、

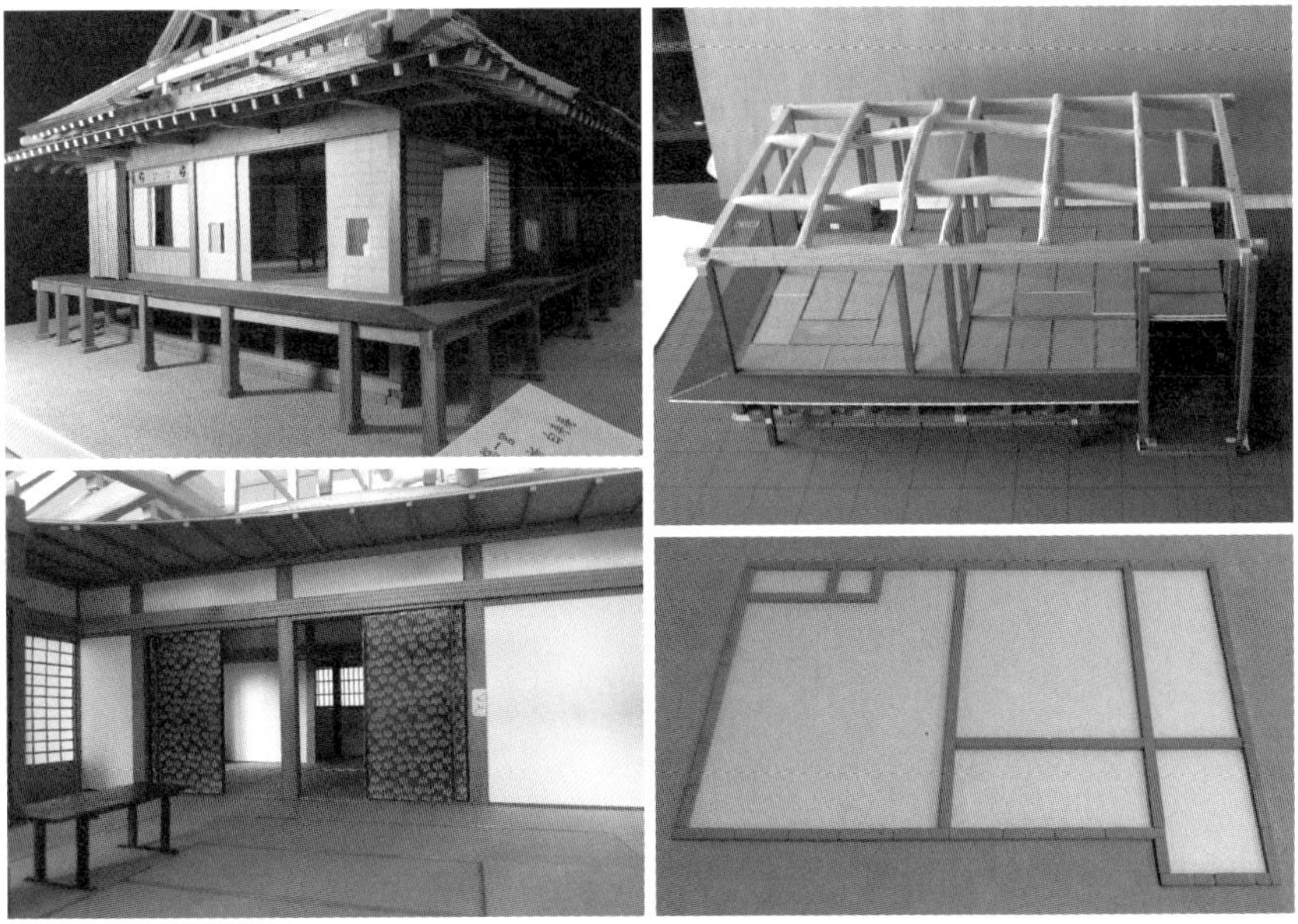

和室からなる建物の復元模型（1：20）上総一宮玉前神社旧社務所白寿庵（1885年建設）
千葉大学建築史研究室作成（2011年完成）

素晴らしい解説本をまとめ、文書による説明を図面化している。描き起こしから見えてくる興味深い点として、まず、全巻を見て、寸法の記入は少なく、部材の一部（多くの場合には柱の幅）をモジュールにし、ほかの部材の規模を、その何分の一や何倍として決めている。フレームのデザインをこのように行なうことは、戦国時代まで、基本であったと伺える。これは、木を伐採し、建物ごとに部材をつくり上げることを前提とする。基準寸法を明記することがあれば、柱の心々寸法は多く、建物の用途と身分等に合わせて十尺、九尺、八尺、七尺等として設定されている。しかし、「殿屋集」において、畳の利用を前提とした柱間寸法（多くの場合、すでに所謂京間、つまり心々六尺五寸）も挙げている。和室の論理に従い、効率を求め、近世末までに発達した寸法の標準化はすでに始まっている。一方、質素ながら、「殿屋集」における数少ない図面は中世〜近世にかけての邸宅と殿舎の概念図として、極めて貴重で、当時、和室が計画に与えるはずの自由度はあまり活用されず、建物も、邸宅も定めた形式に合わせて設計されていたことを伝える。

借りる

借景の和室

上西明

令和の慈光院書院
軒先と刈込垣の、2つの水平線の額縁で見切られた先に、東の山なみを背にした大和平野の風景をのぞむことができる

借景庭園として名高い奈良大和小泉の慈光院書院を訪ねる。緩やかな坂を上り表門を入り、松の木の切通し、ほの暗いアプローチを左に右に折れながら上り中門を入ると、空がひらけ、茅葺き屋根の建物の前に到達する。玄関を入り、下の間四畳、中の間八畳を抜け、一番奥の上の間一三畳に至ると視界が一気にひろがる。上の間の畳に座ると、軒先と刈込垣の、二つの水平線の額縁で見切られた先に、東の山なみを背にした大和平野の風景をのぞむことができる。書院の上の間の座敷、その先の縁側や軒先、その先の刈込垣など、簡素ななかに丁寧につくられた横長のフレームから見た、小高い丘の上からの大和平野の風景は、かつてはのどかなものであった。それは、大和路の写真家入江泰吉が写した写真であじわうことができる。

　畳が敷き詰められた和室は、その座敷だけで成り立っているのではなく、縁側を介して、外の自然である庭とつながることにより、初めて成り立つ空間である。中から見える風景は、襖や障子を開け閉めすることにより、自在に調整することができる。慈光院書院は、そのようなすぐれた特質を持つ和室である。

借景とは、「庭の外にある景」を借りてきて、庭の景の構成要素の一つとして取りこむことである。借りてきた景は、敷地内の庭の景と重ねあわされる。「庭の外にある景」は、庭の景の主役にも、あるいは背景にもなりうる。借景の対象となる「庭の外にある景」は、もっとも一般的なものは、京都なら比叡山や東山、江戸なら富士山、筑波山などの山、琵琶湖のような湖沼や海の水面など、美しい自然景観である。一方で、京都の南禅寺界隈なら南禅寺三門、あるいは奈良の依水園なら東大寺南大門のように、人間がつくった美しい建造物が加わる場合もある。

　借景ということばが使われはじめたのは、一七世紀はじめの中国のことである。明の計成が著わした庭園書『園冶』に借景が登場する。借景には、「遠借、隣借、仰借、俯借の区別があり、時にのぞみ景を借用する。」とある。遠借は遠くの景を借りることであり、隣借は近くの景を借りることである。仰借は仰ぎ見る景であり、俯借は俯瞰する景である。借景ということばは、一九世紀に日本に伝わった。借景がもっとも効果を上げるのは、遠くの景と近くの景を対比した遠借であり、著名な借景庭園は、遠くの景を引き寄せた庭が多い。

庭から見える景色の眺望がすぐれているだけでは借景とはならない。借景庭園にとって、庭から見える景色の眺望がすぐれていることは必要不可欠な条件であるが、それを借景として取りこむには、敷地内の庭の景ないし建築における作為が必要とされる。もっとも一般的な作為は「見切り」であり、「庭の外にある景」の必要な部分を選びだす。写真におけるトリミングと考えるとわかりやすい。すぐれた眺望は、長方形の画面に切り取ることにより写真となる。敷地内の庭の景の近景、そして少し離れた中景をつくりこみ、見たい部分だけを選びだし遠景を取りこむことにより、すぐれた眺望は借景となる。庭の主役ではなく背景となる場合もある。たとえば京都の円通寺庭園では、樹々の間に垣間見える比叡山を借景としている。「庭の外にある景」は、杉木立の樹々の奥にひかえ、庭の景の、美しい背景となっている。

借景は、「庭の外にある景」を借りている。借りている対象となっている山、水面、建造物は、敷地の外にあるものであり、手を加えることはできない。それゆえ、借りている対象が変質してしまうと借景にはならない。また、借りている対象と敷地内の庭の間に、都市化とともに建物が建ち視線が妨げられれば、もはや遠くの景を借りることはできない。京都大徳寺本坊方丈の東庭は、比叡山をのぞむことはできなくなり、借景庭園であった姿は「都林泉名勝図絵」の絵の上で想像できるだけである。

慈光院書院からのぞむことのできた、のどかな大和平野の風景は、昭和の高度成長期、都市化の波により失われ、それをなげく人も多くいた。その後平成に入ると、先代住職により、丘のふもとの蓮池のまわりに植樹することが始められた。都市化され、庭にそぐわない風景をかくす努力が重ねられるなか、樹々は二十数年かけて育ち、中景は整えられてきた。かつて見ることのできた風景と同じではないが、令和の日本において「見切り」方を考え「借り」方を工夫することで、慈光院書院は、今の時代とともに生きる借景庭園となっている。

参考文献

・伊藤ていじ『借景と坪庭』（淡交新社、一九六五年）
・西澤文隆『庭園論Ⅰ』（相模書房、一九七五年）
・本中眞「借景」『日本の美術』第三七二号（至文堂、一九九七年）
・堀口捨巳「石州の茶と慈光院の茶室」『草庭』（筑摩書房、一九六八年所収）

写す

表千家残月亭と村野藤吾自邸

泉幸甫

図2　村野の自邸の残月床

図3　泉による残月床

　表千家、家元に残月亭という茶室がある（図1）。残月亭には特別に残月床と呼ばれる床間がある。この床間、相当変わっていて、ふつう床間は、部屋に対して平行に構えるが、この床間は部屋の中に一畳分出っ張り、さらに床間にかかわらず、皆が座っている方を向いていない。向っているのは部屋の短手方向。茶室としてどう使うのだろうかと思ってしまう。

　ではこの不思議な残月床はどのようにして生まれたものなのだろうか。元はやはり茶聖、利休が始めたもの。しかし、これは現存しない。それを「本歌」とし、息子の千少庵が大きさをやや縮小して「写し」たものが今、表千家にある残月亭である。す

図1 表千家 残月亭

でに残月亭そのものが写しである。

利休がつくった本歌は九間《ここのま》（一間（ひとま）×九ケ×二畳＝一八畳）の書院造（図4）で、茶室にしてはかなり大きい。この九間は秀吉の御成りの時につくったそうだ。しかし、もともと利休は一畳台目や二畳など小間の侘茶を好む人で、このような大きな部屋は好まなかったと思われるが、御成りということで、このような広間が生まれることになったらしい。床の間に上段、中断、下段とあり、上段角の床柱には有名な言い伝えがある。秀吉はこの床柱に背をもたれて座り、突き上げ天井（トップライト）からの月を眺めたといわれる。では秀吉はこの柱のどの面を背にして座ったのかと想像してみると、中段の天井が掛込天井の化粧屋根裏となっているから、中段にトップライトはあったはずで、秀吉は床を背にして月を見上げたのだろう。やはり相当お行儀の悪い人だったようだ。

このようなことで、この床柱は特別に太閤柱といわれているが、それだけでなく、建築的に見てもかなり面白いものだが、普通にはやらない、むしろ目障りと言ってもいい柱である（図4）。客席から見ると、床の間正面の掛け軸がこの床柱の影に隠れる。茶室は人や手の動作を基礎に空間構成をしたもので、その観点から見てもそぐわないが、それでも人を虜にするものはこの張り出した床の間と床柱が空間に大きな変化をもたらしているからだ。出床の残月床にすることで部屋全体の正面性がなくなり、複数の方向性を生じさせ、空間をねじらせる。一方、角の床柱は静謐の中の動きにけじめをつけている。

このようなことから、妙に人を魅了し、これを本歌に、後世現代に至るまで、本歌の特徴を活かし、アレンジしながら写しつづけられることとなった。この本歌取り、つまりコピーは茶室ではよくやられてきたことで、この残月亭は広間として、織田有楽の如庵などは小間として写しが多くつくられることとなった。

残月床は現代に至っても多くの建築家も虜にしてきた。残月亭を詳細に研究した堀口捨巳はもちろん、村野藤吾もつくっている。私もその末席をけがしている（図3）。

村野藤吾は幾つも残月床をつくっているが、自宅につくった残月床（図2）を見てみると、村野はただそっくりに残月床を写したわけではない。まず畳を敷いていた上段を座敷とフラットの地板の踏みこみ床にし、「上段」の意味を消し去っている。さらに、上段に座る人が見る中敷居窓をなくし、洞床になっている。床柱の位置は畳割からずれ、地板の上に乗ることになった。これは残月亭での残月床は部屋に対して少々出っ張り過ぎていて、引っこめることで村野好みのプロポーションに合わせたのだろう。部屋全体を見ても残月亭の書院造の硬さが消え、床の落掛を曲木にするなどして、村野らしい柔らかさを出している。

このように村野は写すと言っても本歌そのままというわけではなく、本歌を利用しながらも　本歌の持つ意味を消し去り、自分のイメージや好みのプロポーションに合わせ、かれ自身の世界を生みだしている。それはもはや創作といってもいいものだろう。

よくよく考えてみると、和室は多くの写しの集積に

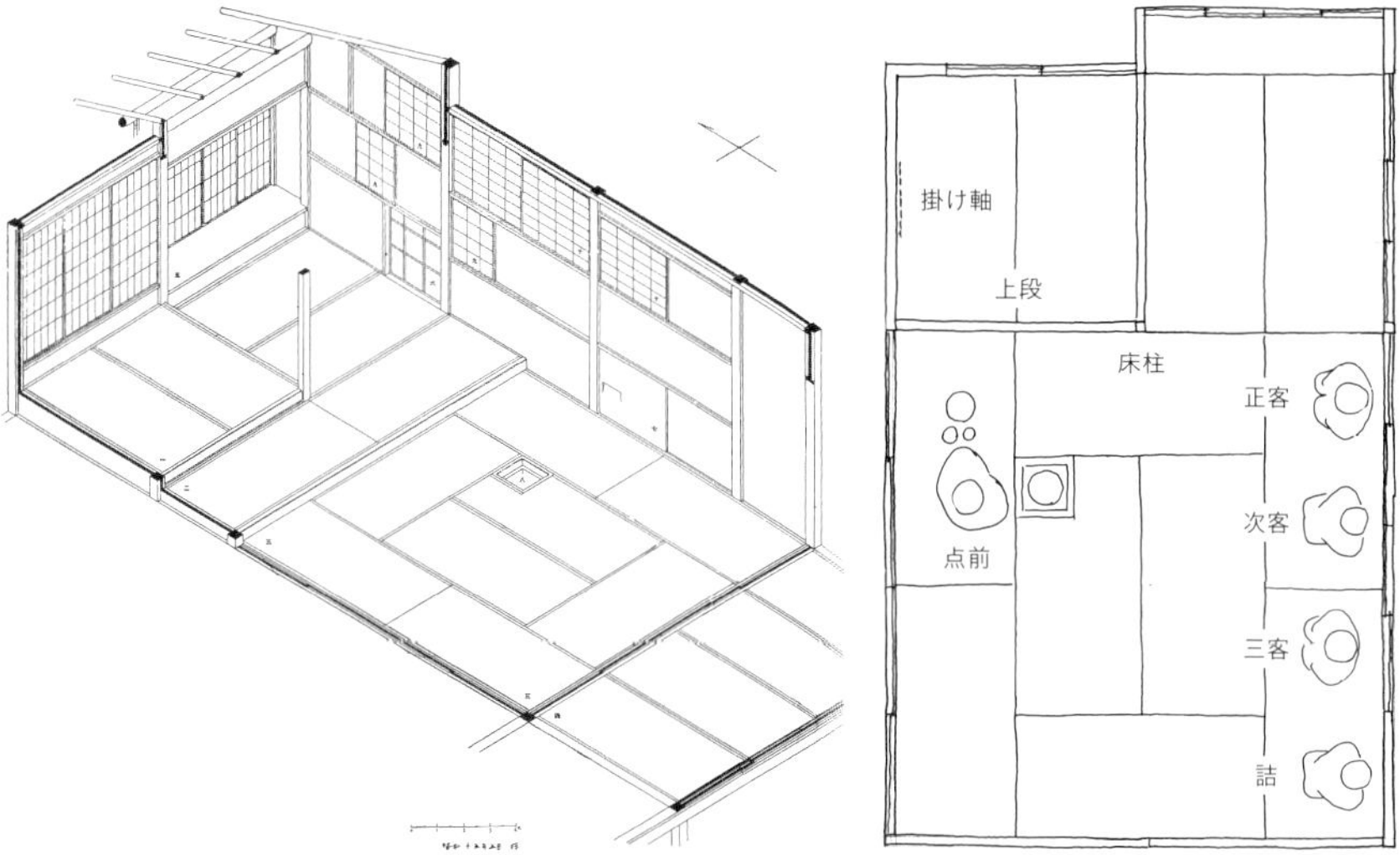

図4 左は利休がつくった本家（堀口捨巳の復元図）、右が現存する残月亭

よっていると言っていいかもしれない。桂離宮などに行くと、村野や堀口を始めとした巨匠たちの建物のモチーフが、そこら中に転がっている。窓を見ても、床を見ても、天井を見ても、あれっ、ここに村野さんがいた、堀口さんがいたと思わずことばが出そうな時がある。それは建築の部位だけでなく空間構成にまでひろがっている。そのような時、桂離宮が村野から学んでつくったんじゃないかと錯覚させられそうになる時もあるが、当然逆で、村野たちが過去の名作からよくよく学んでのものなのだ。ただ、かれらはただ写すだけでなく、自分の世界に引きこみ、新たなステージに昇華させ創作の世界を築いていたと言ってもいいのではないか。

　未だ、私たちは利休など先人の掌の上で踊っているのかもしれない。何時しかその手のひらをバシッと払いのける革命家が現れるかも知れない。しかし、このように学び、写し、さらなる創作の対象となるものを持っている私たちは、何と幸せなんだろうと思う。

起こす

江戸時代の大工棟梁が創作した茶室起こし絵図

谷直樹

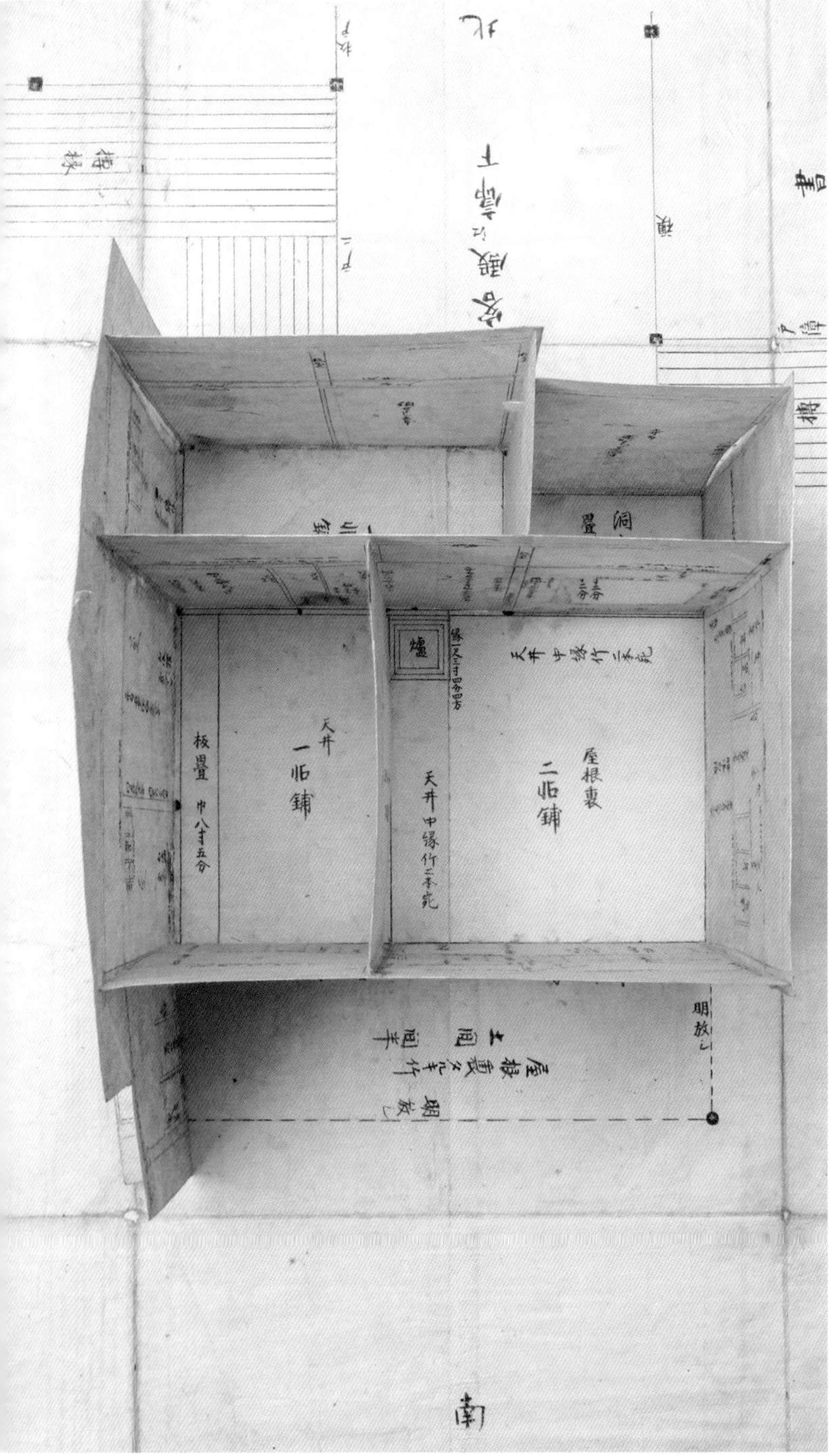

妙喜庵茶室「待庵」起こし絵図（重要文化財）

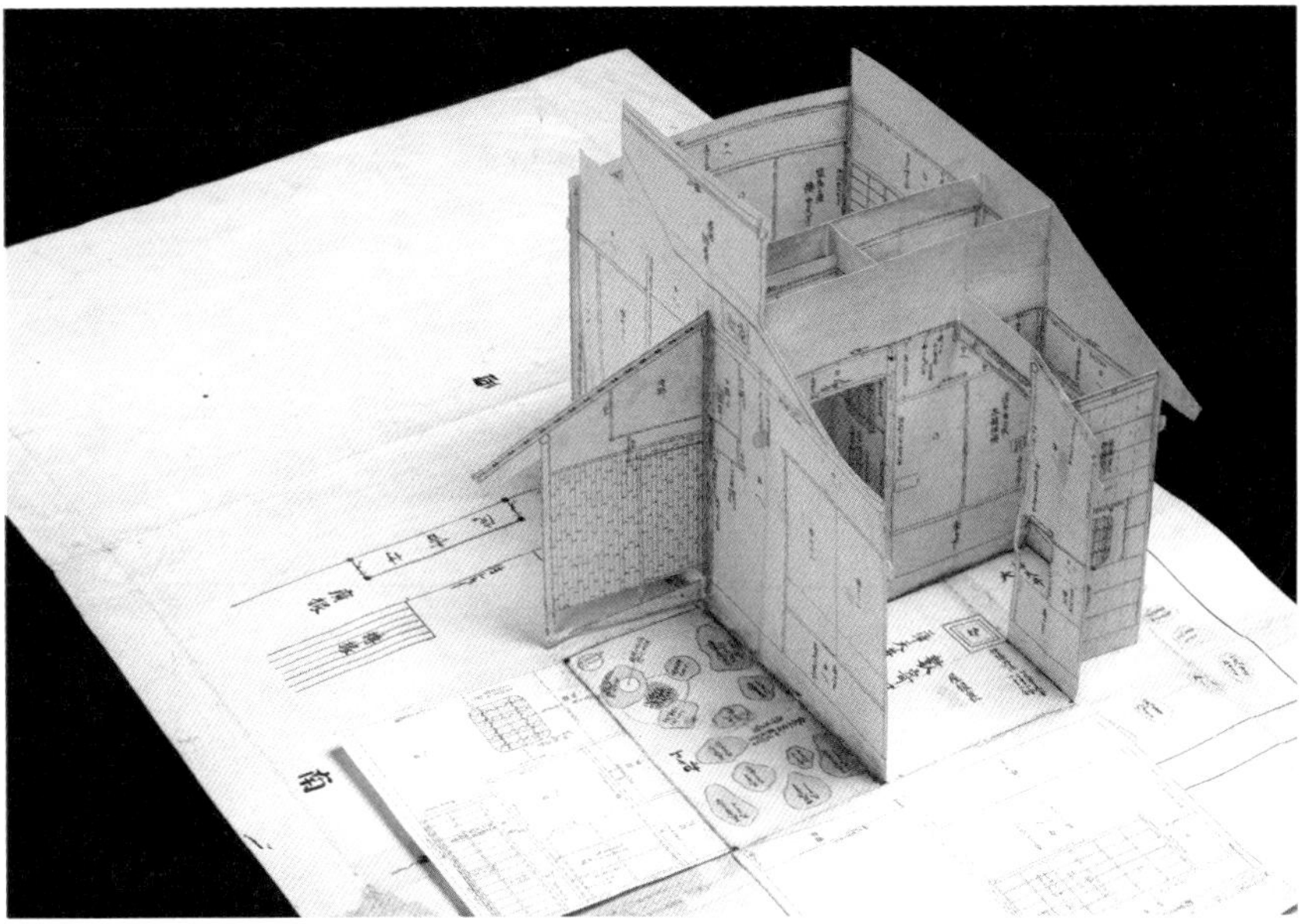
大徳寺真珠庵茶室「庭玉軒」起こし絵図（重要文化財）

起こし絵図は、平面図を描いた和紙の台紙に、壁面を描いた立面図と室内展開図を貼り付け、それらを立て起こして組み立てたものである。小間の茶室という究極の和室を、多くは二〇分の一の縮尺模型で表現したものが茶室起こし絵図である。

江戸時代中期の公家で、当時を代表する文化人のひとりであった近衛家熙《いえひろ》（予楽院《よらくいん》）の言行をまとめた『槐記《かいき》』という資料がある。その享保一三（一七二八）年二月一二日条に、次のように記されている。

常修院様ノ御圍居ノ圖ヲ出シテ、御見セナサル、四疊ニ臺目ノ疊アルモノナリ、厚紙ニテ合紋アリテ、屋ハナシニ立ラルヽヤウニシタルモノナリ、是ハ中井常覺ニ云付テサセテ貫ヒタリト仰ラル

この日、家熙の二男で、鷹司《たかつかさ》家一八代目当主であった鷹司房熙《ふさひろ》の御成があった。家熙は、自らの茶道の師であった常修院の宮（天台座主《てんだいざす》の梶井宮慈胤法親王《かじいのみやじいんほっしんのう》）の四畳台目の囲居（茶室）の図を披露したのである。それは厚紙を用いて合紋によって組み立て、屋根はないと書いて

いる。これは茶室の起こし絵図のことである。

この絵図は中井常覚に依頼して仕立てさせたと記されている。常覚（浄覚《じょうかく》）とは中井正知《まさとも》（大和守・主水正。浄覚は法名）のことで、江戸時代に京都大工頭を世襲した中井家の三代目当主である。中井家の初代正清《まさきよ》（大和守）は、一六〇〇年代初頭の慶長年間に徳川家康の御大工となり、伏見城、二条城、江戸城、駿府城、名古屋城の城郭や、内裏、増上寺、知恩院、久能山東照宮、日光東照宮（創建）などの公儀作事に大工棟梁として活躍した。中井家の歴代当主は、城の御殿や内裏に建てられた茶室の作事も担当し、一方で小堀政一（遠州）の茶会に参会したり、茶器を収集したりと茶人としても名を残している。正知は正徳五（一七一五）年に没しているが、生前に家熙と交流があり、同じ『槐記』に、妙喜庵待庵の露地の飛石の高さについて、家熙に蘊蓄を述べたと回想されている。

現在、中井家の末裔に四五点の茶室起こし絵図が伝来し、ほかの絵図や文書とともに重要文化財に指定されている（中井正知氏・中井正純氏蔵）。最古の年号があるものは元禄一六（一七〇三）年の大徳寺塔頭高林庵囲の起こし絵図で、これは正知が大工頭に就いていた時期にあたる。すなわち、茶室起こし絵図の製作は中井正知の存在が大きかったと見ることができる。

中井家には妙喜庵待庵、大徳寺龍光院密庵、大徳寺孤篷庵忘筌、大徳寺真珠庵庭玉軒、高台寺茶屋時雨亭・傘亭など、現在も日本を代表する茶室の起こし絵図が伝来している。加えて、現在は失われてしまった伏見奉行屋敷小座敷や八幡山瀧本坊茶立所の起こし絵図もふくまれている。

待庵の起こし絵図を見ると、南側（写真下）は「明放《あけはな》シ」の土間庇で、建物の南東隅に躙口が設けられている。そこから中に入ると二畳敷の茶室になっていて、左奥の隅に「爐《ろ》（炉）」が切られている。正面の床柱《とこばしら》は「杦《すぎ》丸太」で、釘穴が二ヵ所あることなど細かい注記があり、「床カマチ上ヨリ落掛《おとしがけ》下え高四尺七寸一分半」と書入れがあり、床框《とこがまち》から落掛までの内法《うちのり》寸法が分かる。床は「洞床《ほらどこ》」とあって内部の柱形を見せず、土壁を塗りまわしていた（現在は「室床」と呼んでいる）。次の間は一畳敷と幅八寸五分の板畳で、隅に「釣棚」が設けられ、さらにその奥に一畳敷の勝手が付いている。掲載写真から、茶室起こし絵図の精密さが伝わってくる。

中井家には茶室起こし絵図の下絵が残されている。それは、現地で実測した詳細な野帳、そして薄紙に描かれた内部展開図の下絵で、これをもとに厚紙で起こし絵図を製作している。茶室起こし絵図は京都所司代などを介して幕府の要人から製作の依頼があり、そのなかには、儒学者の新井白石や老中の水野忠之の名も判明する。

ところで、茶室起こし絵図はどのような目的でつくられたのであろうか。起こし絵図は、施主に対するプレゼンテーションに使われたことが知られている。たとえば、寛政度内裏を設計した時、「紙形図」を提示して朝廷側の「御好《おこのみ》」を確認している。もう一つは、建物の竣工記念に製作されたものである。明治二八（一八九五）年に製作された東本願寺の御影堂と阿弥陀堂の起こし絵図は、遷仏式の参詣人に披露する目的があったとされる。

しかし、茶室起こし絵図は現存した茶室を実測して製作しているので、これらの起こし絵図とはまた違った目的があったと思われる。とすれば、実物大の茶室の写しをつくるための設計図であろうか。たしかに、室内外の部材の寸法や材質を細かく記録しているので、この考えは十分に首肯できる。茶室研究の権威である中村昌生先生は、「起し絵図は設計図としても、特に茶匠たちによって活用された図法なのです」（福井工業大学編集・制作『茶室おこし絵図の魅力』）と書いておられる。

このことを確認するために、はじめに紹介した常修院の茶室起こし絵図にもどってみたい。近衛家熙が常修院の四畳台目茶室の起こし絵図を披露した一月半後、享保一三年三月三〇日、家熙邸に「四畳新御囲」（『御茶湯之記』）が竣工した。その三日後に『槐記』をまとめた山科道安がその茶室に招かれ、「常修院様御形ナリ」と記している。新しい茶室は、家熙が師と仰ぐ常修院の宮の茶室を模したものであった。じっさいの建築に際して、中井正知に仕立てさせた起こし絵図が参考にされたのは間違いない。茶室建築では、原形を模した「写し」の茶室が各地につくられている。その時、茶室起こし絵図の存在が大きかったことをこの史料は教えてくれるのである。

参考文献

・『大工頭中井家伝来 茶室起こし絵図』（大阪くらしの今昔館、二〇二一年）

省く

吉田五十八の近代数寄屋に見られる現代和室への展開

内田青蔵

近代数寄屋という建築様式を生みだした吉田五十八。吉田の手掛けた近代数寄屋の作品では、とりわけ、和室が面白い。一見すると、見慣れた伝統的な和室と変わらない。しかし、その空間に立ち入ると、伝統的な和室に感じる威厳性や薄暗く沈む空間性とは異なり、何か垢抜けした清々しさを感じてしまう。そこには、伝統性から解き放された軽快さが感じられるのだ。その洗練された新しさこそ吉田の追い求めた伝統を超えたモダニズムの空間であり、それを可能としたのが〝省く〟という思想だった。

四君子苑　座敷

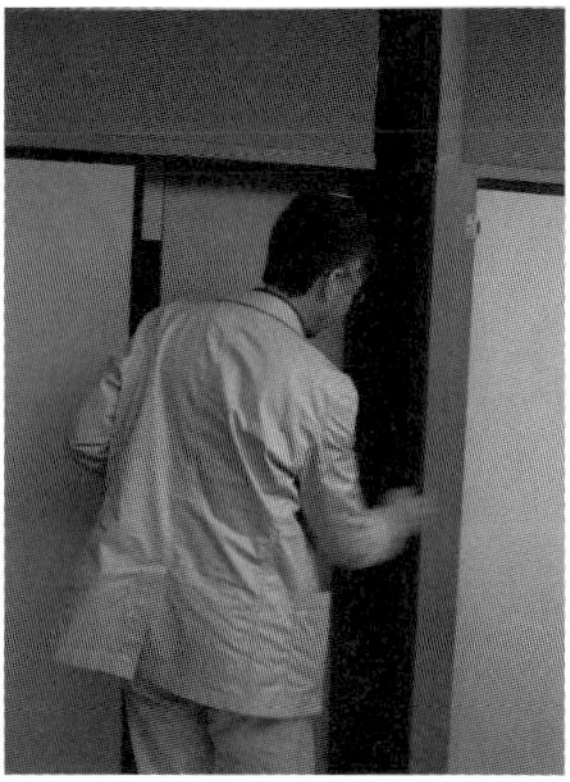
押入れの柱を回転させようとしているところ

柱を回転させ、襖を取りだしたところ

近代建築の原型を生みだしたことで知られるル・コルビュジエ。一九一四年のドミノ・システム、そして、一九二六年の近代建築五原則を発表した際、日本人建築家の多くは、そこに伝統的な日本建築との共通性を見た。そして、同時にル・コルビュジエの作品そのものにも、日本建築との類似性を感じ、最先端の現代建築こそ、日本建築そのものであると理解した人々も多くいた。

では、近代のモダニズム建築とそれ以前の様式建築との違いは何か。様々なことが考えられるが、決定的違いは〝単純さ〟あるいは〝明快さ〟ではないかと思う。ウィーンでモダニズム運動を展開した建築家のオットー・ワグナーは初めて「必要芸術」という主張を展開し、その主張を『近代建築』（一八九五年）という書物にまとめた。このワグナーの主張を発展させるべく、アドルフ・ロースは一九〇八年に「装飾は罪悪である」と主張し、徹底的に装飾を省いた建築を出現させた。こうした初期モダニストの主張をいち早く吸収したのがル・コルビュジエだった。

改めて、吉田五十八にもどってみよう。おそらく、ル・コルビュジエ同様に、近代美学としての明快さを理解していた吉田は、伝統建築の〝うるささ〟に気づいたのだ。

日本の伝統建築は真壁造で、建築を構成する様々な部材がそのまま露出している。構造材がそのまま意匠となって姿を現している。和室の四周を見わたすと、多数の線材が目に入るだろう。しかもその線材は、太さも長さも、そして材種も異なるし、時には漆などの処理もされている。視線を上下に移しても、天井には竿縁や廻り縁、床には畳縁の格子模様が見える。まさに線だらけで、見方によっては〝うるさい〟のだ。

大半の人々は、こうした線だらけの風景を伝統的和室として理解している。同時に、その理解の仕方は、和室をもはや発展しない形式化された過去のものとする解釈といえる。しかし、吉田は伝統とは受け継ぎながら、時代の移り変わりに則して変化していく生き物と考えた。言い換えれば、人々が伝統を死んだものと捉えているのに対し、吉田は変化しながら生きつづけるものと考えたのである。それゆえ、伝統的和室を近代という時代にふさわしいものとすべく、近代美学に則した明朗性を追求した和室に造り替えることをめざしたのである。その方向こそ、〝うるささ〟の排除だったのだ。この排除の方法として、吉田は、西洋の大壁造という構法に注目した。大壁造では、柱は壁の中に覆われ、その存在は見えない。この方法を取り入れることにより、すべての部材を見せるのではなく、見せたいものだけを露出させ、その存在を強調するという手法にたどり着いたのだ。言い換えれば、吉田が主張し、つくり上げてきた近代数寄屋こそ、伝統建築の〝うるささ〟を〝省く〟ことにより到達した建築なのである。

この省くことを徹底した吉田作品のひとつに、京都の茶人で実業家の北村謹次郎邸である四君子苑がある。母屋の座敷では、大きな縦格子からなる床から天井までの内法高さいっぱいの荒組障子は、格子の〝うるささ〟を押さえこみ、また、その上に置かれる欄間を省略している。床正面の垂れ壁をささえる落とし掛けも〝はっかけ〟の納まりを駆使し、その存在を消している。そして二間つづきの部屋だが、部屋境の床の敷居と天井に細い溝があるだけで、襖もない。実は、ここに入る襖は、横の押入れ部分の中に納められ、必要な時にだけ、押し入れの柱を回転させて襖と欄間を一体化させた内法高さの建具を取りだすのだ。ここまで省くのかと、さすがに驚いた。ともあれ、伝統的な和室は、〝省く〟という手法を通し、現代にふさわしい空間へと変貌したのである。いずれにせよ、ル・コルビュジエはともかく、吉田は伝統建築に線の多い〝うるささ〟を感じていた。

参考文献

・藤森照信「新興数寄屋の開祖　吉田五十八と杵屋別邸」『昭和住宅物語』一七〇—一八五頁（新建築社、一九九〇年）
・内田青蔵「宝物としての旧岸信介邸の魅力」『岸信介一九六九』七—一八頁（株式会社虎屋、二〇一三年）
・内田青蔵「近代数寄屋住宅の創作者としての吉田五十八」『日本の近代住宅』二一二—二二五頁（鹿島出版会、二〇一六年）
・木下　収「折々の思い出　四君子苑について」『茶道雑誌』三五—四四頁（二〇二二年三月号）

Ⅳ 暮らし

寝転ぶ・寝そべる

美しい寛ぎ

服部岑生

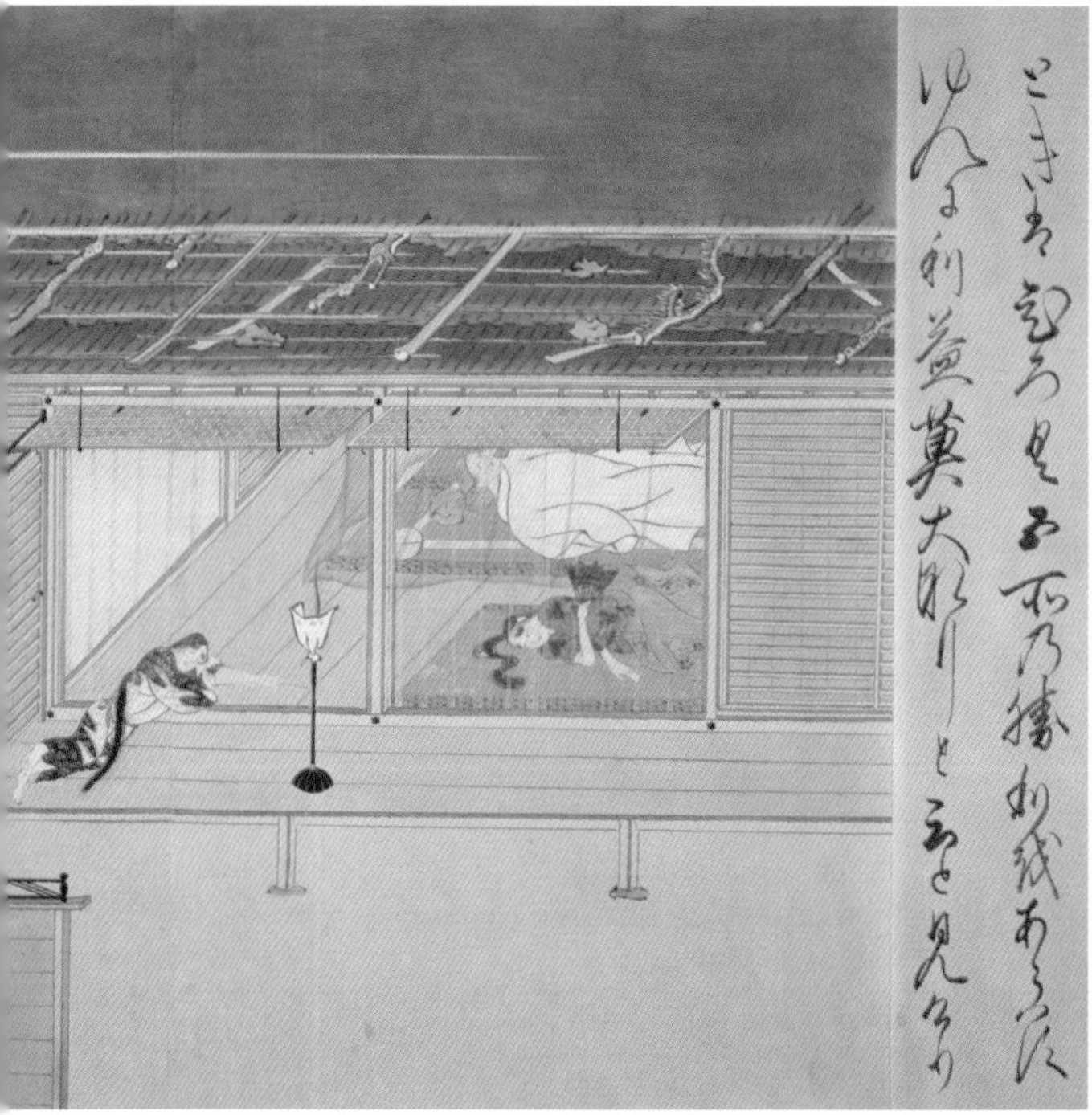

春日権現霊験記絵・興福寺の僧の母が霊験の夢を見る絵

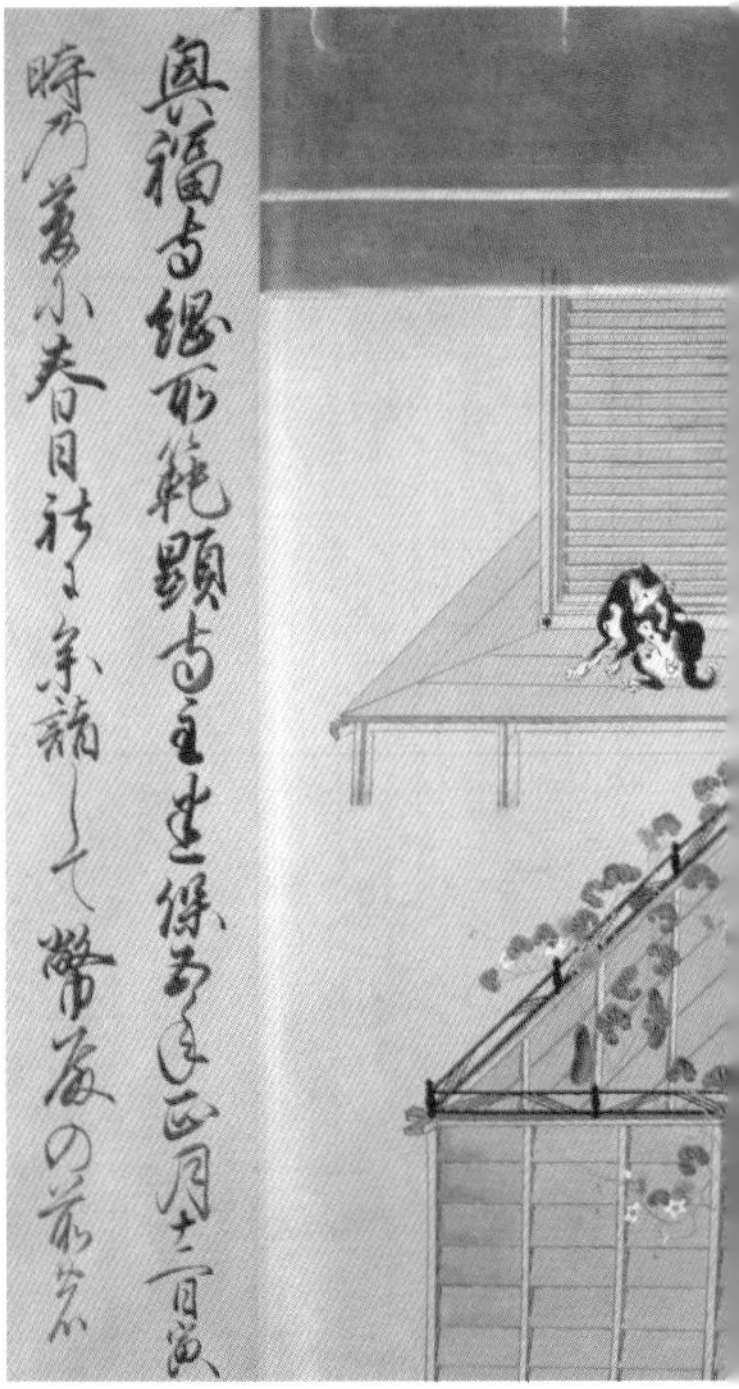

春日権現霊験記絵・寝そべって寛ぐ少女の絵

武士が寝転ぶ尾崎石城の絵日記

畳に寝転ぶ美しい寛ぎ

畳に寝転ぶことは、私たちの習慣だった。夜に眠ることでなく、夏に涼しい風が通る和室で寝転んで昼寝することや、春に庭を見て観照する行為である。テーマの「寝転ぶ」とは、暮らしの、人特有の寛ぎのひとときの姿である。時も場も自由で多様な意味がある。畳の暮らし独特の行為である。寝転ぶ行為には、確かに寛ぎだけでない和室でこそ行なわれる文化的人間的な意味が、潜んでいるはずだ。その歴史を、絵や文字の記録から探ってみよう。

和室で行なう日常行為のうち、睡眠や会話、食事などは、記録が多い。公家や武士の暮らしの記録が多く残っている。早い時代では、平安の寝殿造りの空間に公家がいる普段の姿が、源氏物語絵図を始めとする多くの絵に描かれている。江戸時代になれば、畳が一層普及していき、畳の和室での武士や公家の暮らしの絵が残されている。実際には、和室が普及していく歴史では、寝転ぶことは普通の行為であったと思う。しかし、畳の上で寝転ぶ行為になると、記録は非常に少ない。なぜだろうか。

まず、絵の記録を探索する。寝ている姿は、最初に春日権現霊験記絵に行き当たる。興福寺の僧の母が霊験（仏教の奇跡のこと）の夢を見る絵で、子たちが夕顔の庭の庇下で寝転ぶ姿が描かれている。極彩色の絵は、住まいと暮らしをリアルに伝えている。しかし、この寝姿は寛ぎ休むものでない。同じ絵巻に武士が勇ましく集まる部屋の隣で、《寝転ぶ》とともにリラックスする《寝そべる》子どものかわいい読書姿がある。ここで確かに寝転ぶという行為が認識されており、それも平和な子どもであることに感動する。

時代が下がり江戸時代には、武士が自らを記録する絵が残されており、そこに普段の寛いだ、ある意味でだらしない姿勢の寝転びがあった。尾崎石城の石城日記（一八六一－六二年）に、食事、酒宴、読書などの普段の生活が楽しく絵入りで描かれている。武士も寝転ぶ、さらに畳に寝転がっていることに、穏やかな寛ぎの驚きがある。

ここで記録の種類を考えると、古くから描かれてきた題材と近世になって描かれるようになった題材に違いがあることに気が付く。寝転ぶ様な姿は、特別な場合に記録されてきたが、江戸時代には記録者自身の姿が残されるようになり、人間の日常に行なわれる行為が描かれるようになった。そういえば葛飾北斎の様々な人の姿のスケッチが、北斎漫画（一八一四－）として出版された時期である。寝転ぶような行為は普段に行なわれてきたが、やっと顕在化し共有されるようになったと考えられる。

生活行為を証拠から検証するような作業では、寝転ぶような日常的な行為の記録を見つけたいが、探索に苦労する。

次に、文字の記録を探索する。平安時代の清少納言の『枕草子』には、暮らしの「いとおかしき」情景が、独自の観察眼から見いだし記録されている。当時の宮廷の体験である。『枕草子』は、いずれも上品なビジュアリティーがある現象が、対象である。宮廷と女官という立ち位置の、気づきの記述である。美のイメージを伴うことは、少納言にとって重要だったのではないかと思う。しかし寝転ぶようなからだの快感が自然体で表れる寛ぎの現象は、出てこない。生々しいからだの姿勢は、ともすれば美というより醜を想像させることがあり、避けたのかもしれない。

島崎藤村は、『枕草子』を優れた観察による、独創的な美意識の表現として絶賛する。日常の美の発見である。しかし後継者がいないことを残念としている。筆者は、圧倒的な美意識の発見に際して、「いとおかし」の現象を少納言がどういう姿勢で観照していたか書いて欲しかった。自身の寝転びで朝や夕方の自然を眺めていたのではないか。寝転びながらこそいとおかしい現象を楽しむ意味が、より強調されたのにと考える。それも畳の和の空間である。書いてほしかった。

『枕草子』の一節（四一段）に、「七月ばかりに、（中略）大かたいと涼しければ扇もうち忘れたるに、汗の香すこしかかえたる綿絹の薄きをいとよくひききて、昼寝したるこそおかしけれ。」という記述がある。想像するに、まさに寝転んでいたに違いない。平安時代一〇〇〇年前後の時期に、かすかだが寝転びのエビデンスがあった。寝転びからおかしへの繋がりが弱いように思うけれど、これでいい。

「寝転ぶ」のエビデンスの見え隠れは、微妙な美意識によっていると思う。現代では、からだの寛ぎは、より重要な関心事になっている。人の自意識が強く寛ぎが大切にされ、至る所に文字も図像もエビデンスだらけだが、住まいの和の場が失われると、寝転び寛ぐ場を失う畏れがあることは皮肉なことである。

参考文献
・1　春日権現霊験記絵（一三〇九年）
・2　石城日記『忍藩武士尾崎石城の絵日記』（一八六一–一八六二年）
・3　島崎藤村『清少納言の枕草子』（一九〇〇年）

食べる

茶の間

小池孝子

古来、日本の食卓は銘々膳で、個人のものであった。ひとり用の食卓となる膳は、平安時代からのものと考えられている。持ち運び可能な膳は、食事をする室を規定しなかった。客が来れば客間に膳を運び、そこが食事の場となった。家族の食事にもまた個人用の膳が用いられ、膳そのもの、そこで供される料理とも

ちゃぶ台を囲む家族（東京都、1954年）

に身分によって違いがあった。

格式の高い家では、家族であっても食事の時間は異なっており、家長、年長の男性、女性と子ども、使用人と順に食事を取り、食事の場で家族がそろうことはなかった。庶民の家では生活の合理性から家族そろっての食事風景が見られたが、家長をはじめ男性が上座、女性や子どもは下座という席順が決められていた。食事中のマナーは厳しく、会話をすることは好まれなかった。各々の膳の前に正座をし、背筋を伸ばし、茶碗を持ち上げて食べるという行儀作法は、現代の座卓よりも低い膳を前提として生まれたものである。

こうした銘々膳は、現代の日常からは姿を消してしまった。その名残は、個人用の箸や飯椀の使用という習慣として残ってはいるが、現代ではダイニングテーブル、あるいは座卓といったものが、家族全員の、時には来客を交えての食卓として用いられている。そして銘々膳からダイニングテーブルへと移り変わる狭間の時期に使われていたのがちゃぶ台である。

ちゃぶ台は明治の初めから中ごろにかけて使われるようになった家族用の食卓で、昭和の初めごろには全国に普及した。その背景には、明治期以降に欧米から入ってきた、一家団欒を重んじるという考え方のひろまりがある。食事の場は家族みなが同じものを食べ、仲良く過ごす楽しいものとなっていった。ちゃぶ台は、全員で一つの食卓を囲むという欧米の文化が床座という日本の文化と合わさってできた新しい装置であった。

ちゃぶ台が置かれていた部屋は茶の間と呼ばれた。茶の間の成立の経緯ははっきりしないが、江戸後期に、中下級武士の家における食事の場として「茶之間」が見られるようになる。農家住宅でも「ダイドコロ」「オカッテ」などと呼ばれていた囲炉裏を囲む食事の場が「茶の間」へと変化していった。明治期には都市部の住宅で食事の場所として茶の間が一般化するが、このころの茶の間は台所につづく北側の部屋として配置されていた。江戸時代からつづく、接客本位の住まいが引き継がれており、南側には客人のための座敷などが配置されていたためである。それが大正時代には、接客本位から家族本位へと住まいの重点が移され、茶の間が南側に設けられる例が登場してくる。そして第二次世界大戦後には、信頼と愛情とで結ばれた核家族という、新しい家族像である近代家族が一般化する。住宅不足の時代に大量供給されたコンパクトな住宅は近代家族を対象とし、茶の間は家の南側につくられ、家の中のメインの部屋となった。

ちゃぶ台のある茶の間は、一家団欒を象徴するものであった。茶の間で一家そろって食事をし、食後にはラジオ、後にはテレビが楽しまれた。ちゃぶ台は東京や大阪の労働者階級からひろまったが、当時の庶民は食べる場所と寝る場所が同じという住宅が多かったのだろう、ちゃぶ台には脚が折り畳めるものが多かった。食後の団欒の後には、ちゃぶ台は壁際に立てかけられ、茶の間は寝室としての役割もはたすことになった。住宅に余裕ができて部屋の分化が進み、食事の場がダイニングへ、就寝の場が寝室へと移っても、茶の間は一家団欒の場として存在しつづけた。近代家族の住まいでは丁重なもてなしを必要とする客人の来訪は減り、親しい友人や親戚は、茶の間で家族と一緒にちゃぶ台を囲み、お茶を飲んだり食事をしたりした。茶の間は、単なる食事場所というだけでなく、家族のさまざまな生活行為を包含する場として存在していたのである。

現在、「茶の間」と呼ばれる部屋は急速に減少した。しかし今でも、テレビからは「お茶の間のみなさん」という呼びかけを耳にする。茶の間そのものはなくなっても、茶の間のイメージは存在しつづけている。

『麦秋』(1951年)監督：小津安二郎

参考文献
・小泉和子編『ちゃぶ台の昭和』(河出書房新社、二〇〇二年)
・家具道具室内史学会『ビジュアル日本の住まいの歴史④近現代(明治時代～現代)』(ゆまに書房、二〇一九年)

寝る

多様な寝方を受容する

梅本舞子

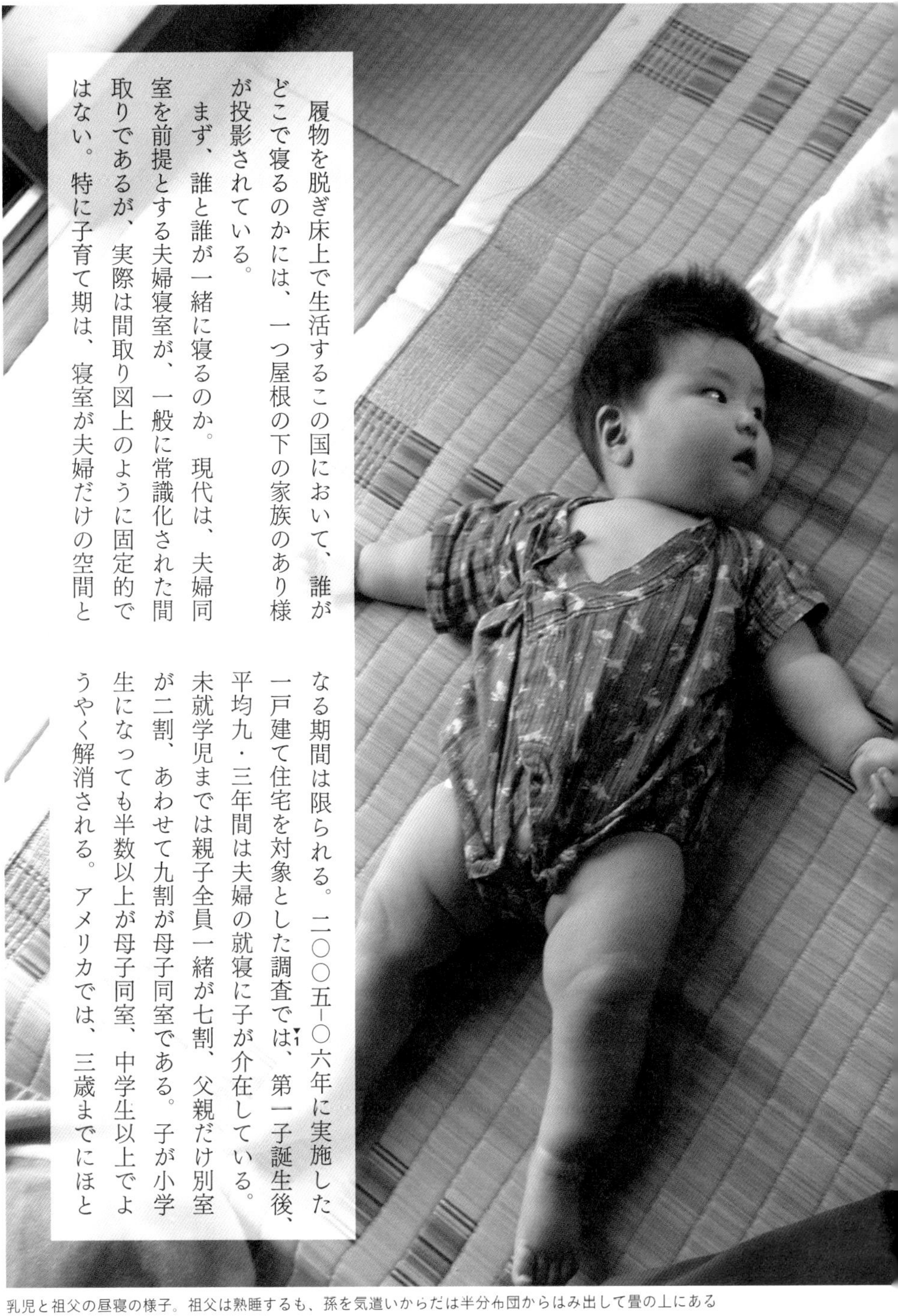

履物を脱ぎ床上で生活するこの国において、誰がどこで寝るのかには、一つ屋根の下の家族のあり様が投影されている。

まず、誰と誰が一緒に寝るのか。現代は、夫婦同室を前提とする夫婦寝室が、一般に常識化された間取りであるが、実際は間取り図上のように固定的ではない。特に子育て期は、寝室が夫婦だけの空間となる期間は限られる。二〇〇五―〇六年に実施した一戸建て住宅を対象とした調査では[1]、第一子誕生後、平均九・三年間は夫婦の就寝に子が介在している。未就学児までは親子全員一緒が七割、父親だけ別室が二割、あわせて九割が母子同室である。子が小学生になっても半数以上が母子同室、中学生以上でようやく解消される。アメリカでは、三歳までにほと

乳児と祖父の昼寝の様子。祖父は熟睡するも、孫を気遣いからだは半分布団からはみ出して畳の上にある

んどがひとりで寝るようになるという[2]。欧米の影響を強く受けた近代化ではあったが、母子密着の習慣は変わらなかったようだ。

子がひとりで寝るようになっても、さらに子が家を出た後にも夫婦同室とは限らない。別室を継続する例、あるいは開始する例も見られる。子が同居する世帯で二割程度、高齢期を迎えた夫婦のみ世帯ではさらに多くが別室である事は数多く報告されており、夫婦が同室であるべきという規範はこの国では弱い。

では、どこで寝ているのか。一戸建て住宅では、二階の洋室だけでなく一階に唯一残る畳敷きの部屋、和室が活用されている[1]。未就学児がいる世帯では三分の一、一八歳以上の子が同居する場合は四割にのぼる。親子、親のみ、子のみ、夫婦のどちらか一方のみ等、一階の和室が変化する家族の寝方を受容している。

では、このように寝方が多様に変化するのはこの国の伝統なのか。

まず〝畳の上に布団を敷いて寝る〟という習慣について。庶民に浸透したのは江戸後期から明治にかけて、意外にも近代であり、それ以前は、陽の当たらない納戸に寝筵を敷きっぱなしというスタイルが一般的であったという。明治に入って外国産の安価な綿が流入したことで敷布団が庶民に浸透したことと、押し入れという部屋に付属する収納部の発明が契機とされる[3]。

ではそのころの寝方はどうであったか。明治期から戦後しばらくは、儒教思想の影響による性別就寝や家父長の単独就寝、そして親子の添い寝に起因する夫婦別室が一般的であったようだ[4]。ただしかつての妻問婚の名残とも見られ、民主化された夫婦同権の現代に見られる別室就寝とは異なる。また、封建的な順位制を重視した家父長制の下で、女や子が自由に出入りできる室は限られていた。ゆえに誰がどこで寝るかにも一定の制限があったことは、床の間つきの座敷を家父長の寝間として、あるいは客用に空けておく例が多く確認されることからもわかる。狭隘な都市庶民住宅においては寝る場所の自由度等なく、風紀上の問題からも、西山夘三らにより親子の隔離就寝が唱えられ、その後の計画に反映された。

さて、話を現代にもどそう。先の調査では希望も問うている。常に夫婦同室を希望しない例が夫三四・一パーセント、妻四五・七パーセントに見られ、とりわけ乳幼児を抱える妻にはひとりで安眠したいという声が多い。実際に、昼間ひとりで子育てをする妻に代わり、夜は夫が子の世話をするため夫子同室・妻別室の例、子との添い寝では熟睡できないため、時々手伝いに来る祖母が子と同室で、妻は別室という例がある。

住まいが一定の性能を確保できるようになるとともに封建制や格式性が薄れた今日、〝寝る〟は、より自由度を持って展開される時代に入ったのではないだろうか。

昼寝から目覚めた乳児は自ら這って行って庭を眺める。畳に掃き出し窓という和室ならではの風景ではないか

そしてこれを可としているのは、履物を脱ぎ床上で生活する住文化と、和室ではないかと考えている。

もちろん、畳でなくとも布団を敷くことはできる。しかし、布団から少々はみ出しても、クッション性のある畳の上ではそのまま寝ることができるため、特に子育て期には適しているといえよう。共働きが一般化した現在、親子のスキンシップとして添い寝はより支持されているようだ。[5] また乳幼児の昼寝や遊びの場として、畳の持つクッション性や断熱性を支持する声も多く、子が床上を這う時期こそ畳が最適とする教育社会学者の声もある。[6]

そして何より、和室は寝るためだけの部屋ではない。時に改まった場として来客を迎えたり、日常は洗濯物を畳んだり、子の遊び場となったり、その時々で自在に変わる。機能が定まっていないからこそ、その時々の寝方にも応じやすい。家族のその時々の生活スタイルに柔軟に対応しうる畳が敷き詰められた和室は、子育てや生活の柔軟性の観点から、再評価されて良いのではないだろうか。

▼1 切原舞子、鈴木義弘、岡俊江『夫婦の就寝形態の特徴と寝室・私的領域の計画課題について』（日本建築学会計画系論文集第七六巻、二八一―二八六頁、二〇一一年二月）

▼2 Morelli, G. A., Rosgoff, B., Oppenheimer, D. and Goldsmith, D. "Cultural Variations in Infants Sleeping Arrangements: Question of Independence", Developmental Psychology、二八、四、六〇六―六一三頁、一九九二年

▼3 小川光暘『寝所と寝具』（雄山閣、二〇一六年）

▼4 吉田桂二『間取り百年』（彰国社、二〇〇四年）ほか多数

▼5 篠田有子『子どもの将来は「寝室」で決まる』（光文社新書、二〇〇九年）

▼6 「〈川の字〉で寝るのはOK、それともNG?」（SEKISUI HOUSE子育ち子育てLAB、篠田有子氏へのインタビューより）https://sumai-smile.net/lab_01_kosodachi/theme_03/index.html

着る

和装と和室

亀井靖子

孫娘に着付けをする祖母

和室には日常と非日常があり、和装にも日常と非日常がある。和室も和装も最近では日常から少し離れてしまってはいるが、たとえば温泉に行って浴衣に着替えて、旅館の和室で胡座をかいたり、寝転がったりするのは日常の延長であり、くつろぎの時であろう。一方で、和室料亭での結納や茶室での茶会を着物で執り行なうとなると、途端に背筋が伸び緊張が走る。このように人生の様々なシーンの様々な感情をすべて包含する和装と和室。改めて日本の文化の奥深さを感じる。

さて、和装も和室も人生において、最近は特に、一つの節目を演出するものとなっているが、ここではそうした特別な時間への序章である「着付け」に目を向けてみたい。昨今のお出かけ前の服選びは、鏡の前に立ってハンガーにかけられた洋服を自分のからだの前に当てては、あれでもない、これでもないと迷い、ポンポンとベッドの上にならべたり、椅子の背に掛けたりしていく。では、和装、つまり着物の場合はどうだろう。まずは畳の上に着物をならべ、その上に帯を合わせて置き、帯締めを載せる。その組み合わせを、あれこれと悩む。ある程度組み合わせが決まったら、次に、鏡を前に長襦袢の上から着物を羽織り実際に合わせてみる。こちらがいいか、あちらがいいか、脱ぎ捨てられた着物は畳の上に置かれていく。着物を脱ぐ時、着物はするりと畳の上に落ちていくわけである。

ここで、今から百年ほど時代をさかのぼってみたい。いつの時代かというと、旧加賀藩主前田家十六代当主の侯爵前田利為の居宅、旧前田家本邸ができた一九二九年である。駐英大使館附武官として三年間をイギリスで過ごした前田はカントリー・ハウス風の洋館を建て家族とともにそこで過ごした。現在も目黒区駒場に建っており、内部を見学することもできる。旧前田家本邸洋館は、一階がもてなしの空間、二階が暮らしの空間となっており、二階に夫妻の寝室や子どもたちの部屋があった。ほとんどの部屋が洋室であったが、二階の女中たちの私室と集会室、そして「お留まり」と呼ばれる部屋が畳部屋であった。昭和一七年に撮影された前田家の家族写真を見ると婦人たちは皆着物を着ている。ほかの部屋がすべて洋室であったことを考えると、婦人たちはおそらく、この「お留まり」と呼ばれる部屋で着物を着替えていたと想像される。現在は展示室となっており、当時の様子は写真でしか見ることができないが、前頁の写真のような家族の日常がそこにはあったのではないだろうか。

もうひとつ、和装と和室の切っても切れない関係を、長崎の居留地に建てられたグラバー邸（一八六三年）でも見ることができる。トーマス・ブレーク・グラバーの妻・ツル夫人がグラバー邸に居住することになった時に、ツル夫人の居室となる五角形の室に六畳分の畳を敷き、和室風の部屋に改装している。着物姿のツル・グラバーの写真が残っていることからも、ツル夫人も着物で過ごしていたことがわかる。つまり、和装での生活には、その着脱を考えた時にはなおさら、畳部屋が必要なのである。

直に座り、直に寝転がることさえも許容する畳は、その使用からつねに清潔に保たれている。洋室・椅子座に生活様式が変わっても、和装した時にはやはり和室が理にかなっている。最近では日常で着物を着る人はほぼいない。それに伴い昨今の和室は和装のための空間ではなくなった。和装と和室は、その結びつきから日本人の立ち居ふるまいにも影響をおよぼしている。たとえば、手をついてお辞儀をしたり、正座をして襖を開け閉めしたりすることである。床の間の掛け軸や飾りを座して拝見することもそうである。そうした和室ならではのふるまいも次第に忘れられていくのであろうか。

参考文献

・旧前田家本邸パンフレット

・「重要文化財旧グラバー住宅修理工事報告書」、長崎市、昭和四三年三月

旧前田家本邸洋館「お留まり」

グラバー邸「ツル夫人室」東寄りの間

畳む

小さく仕舞う文化と和室

鈴木あるの

大昔の「畳」は薄いゴザのようなもので、使わない時には畳んで仕舞っておけるためにその名がついたという。敷物に限らず、日本には畳んで小さく片付けられる生活用品の何と多いことか。本来の和室においては、家具や生活用品を常時置くことはせず、必要に応じて押し入れや蔵から出し入れし設をかえてきた。また日本家屋は機密性が低く外の気候の影響を直接受けるため、季節に応じた局所的冷暖房器具を用い、

畳の上で着物を畳む（左：枚方市・松村古川邸、右：宝塚市・狐白軒）

自然の通風あるいは防寒に資するよう建具を「衣替え」する生活文化があった。蔵や押入れをいくつも備えた豊かな家であっても、収納容量は無限ではないし、出し入れする労働力も限られる中、小さく畳めて運搬しやすい家具や生活用品は有り難かったに違いない。

畳んでコンパクトに仕舞える和物の代表が和服である。日常の作業衣や生活服から、お出かけ着、正装、婚礼衣装に至るまで、和服ならすべて畳んで平たく小さな長方形にすることができる。体型に合わせることはもちろん、異なるデザインをつくりだすことも、立体裁断のようにボリュームのあるドレスに仕上げることも、着付け次第である。芯材やタックで膨らませる西洋のドレスと違い、クロゼットの場所を占拠することもなく、機内持込みサイズのスーツケースに入れて運ぶことすら可能である。

そのようなわけで、パーティーなどを伴う旅行には和服が大変便利なのであるが、ひとつ困ることがある。ホテルのベッドの上で畳みにくいのである。これは和室のない現代住宅にも共通の悩みではないだろうか。

着物はその全長をひろげた状態から正しい順序で畳んでいかないと綺麗に収まらない。しかし繊細な絹の和服を土足で歩き回る床の上にはひろげられないから、畳二帖程度の清潔で安定した床面が必要だ。帯も、五メートル近くある長い布を畳まなければならない。また着る時も直す時も多数の紐や帯揚げ帯締め等の小物類を使用するため、それらを置くスペースも欲しい。新感覚の「キモノ」生活の啓蒙活動をしているとある外国人女性は、テーブルの上でも上手に畳めるそうだが、是非そのコツを伝授してもらいたいものである。

和室の床は清潔でひろさがあるため 和服に限らず、何かを置いて畳むのに適している。たとえば洗濯物をひろげ、畳み終わったものから床に積み上げていく。すべて自分の膝元で効率よく作業できる。アイロンもひろい面積の床の上なら伸び伸びとかけることができる。昨今、現代住宅のリビングルームの一角などに「畳スペース」なるものが復活しつつあるのは、小さい子どもが遊びやすいという理由のほかに、こういった家事のための利便性もあるらしい。

和室においては、ベッドすら畳んで仕舞う。欧米でも「フトン」なるものが販売されているが、日本の布団に比べると分厚く重く、畳んで仕舞いにくいどころか、天日に干すのも容易ではない。しかし通常はソファとして使い、宿泊客がある時だけベッドに変形させるという点は、日本の家庭の客用布団に通じるものである。

朝になると布団と入れ替わるのがちゃぶ台だ。和室は、布団があれば寝室、ちゃぶ台があればダイニングルームとなる。そのためちゃぶ台も足を畳みこんで平たく仕舞えるようにできている。食寝分離の進んだ戦後には、季節利用のコタツに折り畳み式が採用された。やがてヒーター部分が薄くなり、コタツを仕舞わずに年中利用することが増えた現在、ふたたびちゃぶ台としての利便性が見直されたのか、狭い住居を中心に売れているらしい。

屏風は中国由来のものではあるが、季節や目的や気分に合わせて取り替えるという使い方においては、極めて和室的である。置き方により、建具がわりの一時的な部屋の仕切りにも、展示品や演舞の背景にもなる。そして屏風の折れ曲がるデザインは、畳めると同時に自立できるという合理的な造りである。それは、壁がなくとも展示でき、好きな場所で鑑賞できる美術作品でもある。

風呂敷もまた、小さく畳んで持ち運べる上に、結び方次第で一枚の布から様々な形や大きさの袋ができる、極めて優秀なエコバッグである。優れた意匠を施せば、屏風と同様、日用品であると同時に芸術作品としても成立する。ただし大きな風呂敷の場合、それを広げる十分なスペースがなければ上手に包めない。よって和服と同じく和室の床の上が最適である。和室がない場合は、西洋式のバッグを使うほうが手っ取り早いであろう。

和室の上で畳まれるもののリストの番外編として、「人間の脚」を挙げておこう。正座も胡座も、脚を器用に折り畳まなければできない座り方である。慣れている人には簡単なのかもしれないが、一朝一夕ではできない高度な技である。日本人でも洋室育ちの若者には難しいかもしれないし、高齢者には膝が辛い。

「人間の脚」を除き、折り畳んで使うものには、和室でなければ使いにくいものが多い。和室の床を前提につくられたものなので当然であろう。逆に布団やちゃぶ台などは、仕舞えるからこそ和室の美学が成立する。和室と畳まれるモノ、どちらか一方が失われると、もう一方の適正な利用が阻まれ、互いの本来の価値が見えなくなる。和室を空間として保存するだけでなく、そこで営まれる行為も合わせて維持することの重要性がここにある。

憩う

縁側の風景

片山和俊

佐々木邸　縁側で語らう能登路さん姉妹（同潤会江古田木造分譲住宅）

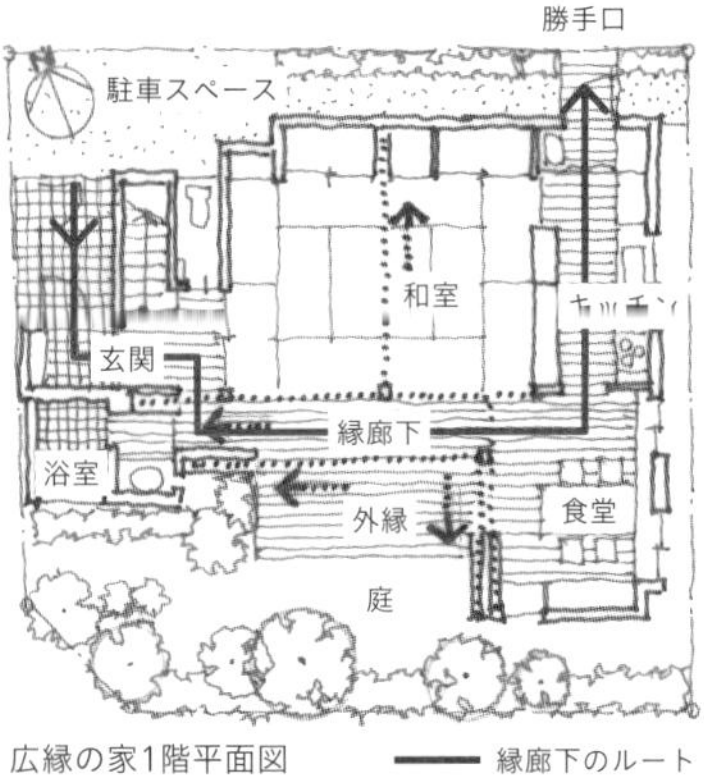

広縁の家1階平面図　　━━ 縁廊下のルート

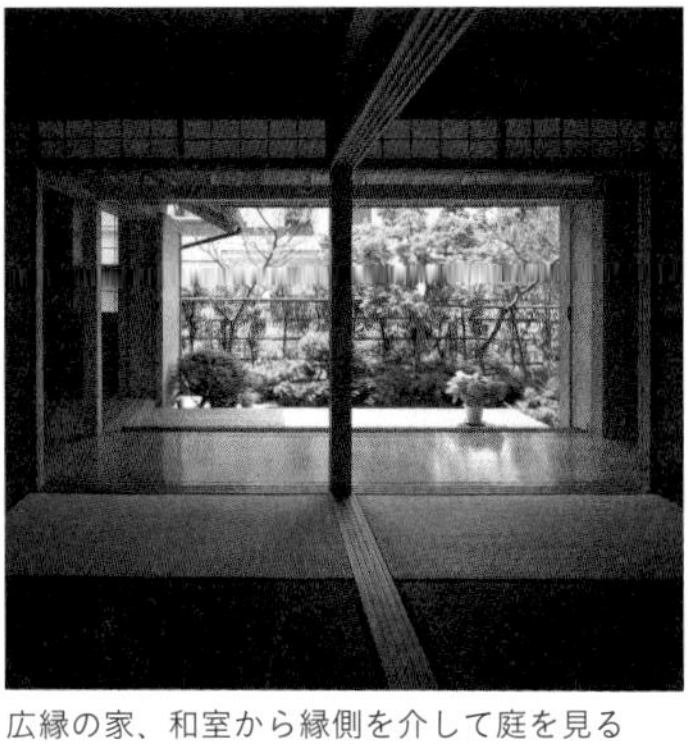

広縁の家、和室から縁側を介して庭を見る
（設計：片山和俊）

南庭から見た佐々木邸(同潤会江古田木造分譲住宅)の縁側

町庭の家、中庭テラスに面して食事を愉しむ
(設計:片山和俊)

縁側ほど愉しいところはない。

古都の寺院の縁側で憩い、できれば新緑や紅葉のころに来たいと思っている日本人は多いに違いない。私もそのひとりだが、そこまで叶わなくても様々なイメージが浮かんでくるのが縁側だ。その証拠に今でもテレビ番組で縁側のシーンがよく出てくるし、少し昔の家族写真というと縁側で撮ったものが多い。様々な絆が写っている。家族の思いと努力によって受け継がれている東京江古田の佐々木邸の縁側の写真でも、既視感というのだろうか、写っている方が居るのに自分勝手な暮らしが浮かんでくる。おじいさんやおばあさんの語らいや居眠り、その脇に茶菓子やみかんなどの果物がならび、そこに子どもたちが加わる。気持ち良さそうに寝そべる猫や縁先に足を掛ける犬が居る。奥の和室から「ご飯よ」と呼ぶお母さんの声が聞こえるようだ。

実は設計を始めた一九八〇年代に、住まいを和室で設計して欲しいという依頼があった。面白そうで引き受けたが、思いの外プラン作成に手間取った。その原因は中廊下で考えていたからで、ふと南側に廊下を回してみたらすんなりまとまった。昔の伝統的な和室の家を思い出せば、縁側（縁廊下）が当たり前。桂離宮をはじめ名だたる寺院の方丈などいくらでもある。それが設計で和室の家の祖形と出会った最初の機会であった。

その気づきのお陰で二間つづきの和室を居間として、縁廊下を南庭側に回し、食堂を経てキッチンに至るプランができ、浴室トイレを庭の見える西南端にする解決策が生まれた。南の縁側が有効なのは動線だけではない。縁側は憩いの場だが、同時に家事の場にもなる。主婦が暖かい日差しの中で、繕い物をし、食材や布団、洗濯物を干したり、時にはご主人の簡単な木工の場所にもなる。加えて、庭の西木戸から気楽に入ってきた近所の方との話に花が咲く。多目的な憩いの場として考えていたが、ご夫妻は縁側からの葬式もイメージされたという。

建築的には縁廊下の板間によって、和室の畳が風雨から守られ、さらに良いことは空間的に魔法のようなことが起きたことだ。部屋間の襖と障子、ガラス戸を壁に引きこむと、小さな六畳間はみるみるひろがり、つづき間に、縁側を介して庭一杯までが一つの空間になった。設計時に種を仕掛けたのは確かだが、実際にその効果に魅せられたのは自分であった。一方、ご主人が喜ばれたのはひと風呂浴びて縁側での一杯。昔に帰れば、暑い日中に行水で汗を流し、浴衣がけで涼む気持ち良さに通じるだろう。訪問した日の夕方、嬉しそうにビールを勧めれたご主人の笑顔が今だに忘れられない（広縁の家）。

思いだすと当時からエアコンのお世話になっているが、今ほど頼ってはいなかった。〝家は夏を旨とすべし〟（吉田兼好）が頭にあり、縁側を設け、そこから風が家の中を廻り抜けるようなプランになると奥行きの深い空間が生まれることを実感し、その方法を自分の設計の基本に据えている。その後の町庭の家では、縁側自体を中庭の廻りに回すプランをこころみた。丁度小さな入江を囲む砂浜のような環境での食事は、愉しく会話が弾む。

ところが最近家づくりが大きく変わってきている。敷地の狭隘化、性能やエアコン重視、壁偏重で内向き志向が進んでいる。性能からは良いといわれるのだが、縁側派から見ると設備や数字の居住性能に片寄り、長い年月を経て育まれてきた日本の住まいらしさが失われそうで心配である。家内部の中心は居間・食堂（昔は茶の間・和室）だが、庭をふくんだ家の中心は縁側である。縁側にある住み手の豊かな暮らしや絆を簡単に捨ててはいけない。今ふたたび〝家は夏を旨とすべし〟縁側に帰る時だと思われる。

参考文献

・住総研「受け継がれる住まい」調査研究委員会編著『受け継がれる住まい——住居の保存と再生法』（柏書房、二〇一六年）
・『チルチンびと』17,2001Summer
・『住宅建築』一九八五年一一月号
・『家庭画報』二〇一七年四月号

京都蓮華寺、縁側から庭を見る

祝う

節句・結納

岡絵理子

筆者の家族のアルバムより。
昭和12年ごろの雛祭りのしつらい

加賀地方の旧家での祝言の日の座敷の様子

日本人は人生の節目ごとに一生に一度のお祝い事をする。結納、結婚式、子どもの成長を祝う七五三、成人式、長寿の祝いでは、そのような年齢に達したことを家族や親戚にお披露目する。それは決まって床の間のある和室――「座敷」で行なわれてきた。祝いの日の床の間には、その日に相応しい掛け軸が選ばれ、結納品や人形が飾られる。このような室礼《しつらい》が、常の和室を特別な祝いの場に一変させる。場が整えば床の間を上座として、畳に足付きの祝い膳が備えられ、宴会が始まるのである。

この、床の間のある和室が、高度成長期の一戸建て指向を支えてきたと考えられる。家を持つこと、そこに床の間のある和室があること、そこで親戚一同を集めお祝いの席を設けることは、一戸建て住宅を手に入れる大きな動機になった。特に娘のいる家では、結納を受けるための「座敷」は必須の場であった。畳替えも結納を機に行なう家が多かった。結納の日、仲人が男性側から結納を預かり、それを女性側の床の間に納めた。立派な結納品が床の間から溢れることもしばしば、飾り方はずいぶん工夫したと、大阪高麗橋の老舗結納店の店主は懐かしむ。

床の間が多くの家から消え去りつつあるのは、結納をしなくなったからではないかと思う。現在の結納実施率は一割弱、その実施場所は「ホテル」や「料亭」の和室である。同様に様々な祝い事は家から出ていった。家に「座敷」を設ける必然性はすっかり失われたのである。

このような中でもまだ家に残る祝い事の一つが、女の子の節句祝い「雛祭り」である。江戸時代には天皇と皇后を模した「内裏雛」を飾っていたが　そのうち京都では平安装束を再現した「有職雛」が現れた。そこに三人官女や五人囃子が加わり、「七段飾り」が登場する。西日本では内裏雛が寝殿に飾られた「御殿飾り」が人気となる。雛飾りはその他多くの人形たちとともに、床の間をはみ出し飾られた。女の子は晴れ着を着せてもらい、雛膳でお祝いした。近年は住宅事情から雛人形はふたたび「内裏雛」が主流となり、私の調査では、食事をしながら見ることができるように、台所のカウンターに飾られることも多い。

町家がならぶ古いまちでは、玄関脇の「みせの間」や土間横の「広間」に雛人形を飾って、まちに来た人々に見ていただく「イベント」を行なっているところがある。

金沢旧家の土間広間に飾られた「御殿雛」

これは今に始まったことではなく、町家では「広間」に雛人形を飾ることで、この家には嫁入り前の女の子がいることを知らせていた。また、雛人形とともにミニチュアの台所が飾られ、家事を学ぶ機会でもあった。兵庫県養父市轟では、子どもたちが家々の土間横の「広間」に飾られた雛めぐりをして、お菓子をもらう習慣が生きている。家奥の床の間ではなく、土間広間で行なわれるお祝い事。お雛祭りの祝いは、家からまちへと流れだす。床の間が庶民の住まいに普及した以降に座敷で行なわれた「祝い」より、こちらが「祝い」の場の原点なのかもしれない。

参考文献

・1　清家清編『すまいの歳時記』（講談社、一九八五年）
・2　「ゼクシィ結婚トレンド調査2021」より　https://souken.zexy.net/data/trend2021/XY_MT21_report_06shutoken.pdf
・3　家庭画報　特別編集『日本の旧家を旅する』（世界文化社、二〇〇八年二月一日）
・4　岡絵理子「郊外住宅地・住宅の変容と未来像」　角野幸博編『鉄道と郊外』（鹿島出版会、二〇二一年）
・5　新五国風土記　ひょうご彩祭5「桃の節句」（神戸新聞、二〇一八年四月一五日）

営む

町屋の店と土間

黒野弘靖

上越市高田の雁木町家（1936年築 1990年改修）
着付け教室の客（右：土間）をもてなす店主夫妻（左と中：畳）

町屋は都市の庶民の住居兼商店として、古代から戦前まで建てられていた。前面道路に接して主屋を建て、隣家と軒を連ねて町並みをなす。主屋内部は間口の片側に奥行き方向へ通り抜ける土間（トオリニワ）を設け、それに沿って床上の居室をならべた。土間は住人と来客と近隣住人の入口となっており、土間と床上が一体となった、三者を調整する空間がつくられていた。

この特徴は、新潟県上越市の城下町高田で一九三六年に建てられた、着物小売りを営む町屋にも見られる。間口五間の東側に一間幅のトオリニワを設け、それに沿いミセ、チャノマ、ザシキと呼ばれる畳敷き居室三室を二列にならべていた。前側のミセ二室で短時間の客を、その後ろ側のトオリニワ（土間）とチャノマ（六畳）で長時間の客を接客した。戦後、ミセ二室とトオリニワの天井にベニヤ板、壁とミセ・チャノマ間仕切りに穴あきボードが貼られ、蛍光灯が付いた。見習いから帰った現店主は、高田は雁木（住宅前面の庇）が続く、着物で歩くにふさわしい風情のある町と再認識し、一九九〇年に「昔の町家を知ってほしい」との思いから、自家の改修を市内の建築士へ相談した。後補の天井板と壁板と照明を撤去し、現れた漆喰壁と柱や梁や貫を塗り直した。東側と北側の高窓からの光がチャノマのみならず、上部吹抜に面する二階居室も明るくした。一階はトオリニワをチャノマ後方の階段まで保全し、ミセ二室とチャノマの三畳分を土間に変え、トオリニワとともに洗い出し仕上げとした。チャノマの土間部分に、L字型に残した畳の入隅沿いに大谷石を組んだテーブルを置き、トオリニワ側と前側に黒漆塗の木製長椅子を置いた。

滞留する客は、この長椅子に靴のまま腰掛ける。主人は後方の居室部からチャノマの畳へ出て、石組テーブルを挟み客の向かいに正座する。チャノマとトオリニワを含む二間半四方の上部が吹抜け、高窓からの光が土間の来客と床上の主人へ届く。主客はチャノマの畳に広げた反物の発色を確認できる。着物を注文する客は、チャノマに続く畳敷きナカノマへ上がり、中庭に面したザシキに入り、生地、柄、料金を相談する。

ミセ二室をともに土間の店舗とし、和小物や器を陳列した。二室境を吊り格子戸として、夏季には格子戸を開け、中央に低いテーブル二脚を並べた開放的な設え、冬季には格子戸を閉め、各二室の中央にテーブルを移し商品で囲う閉鎖的なしつらえとしている。

ミセとトオリニワの角へガラス窓を入れた。ミセの和小物を雁木通りから目に留めた客が、立ち寄りやすくなった。客はミセの商品を手に取りトオリニワ後方のレジカウンターへ持って行き、土間へ下りた主人へ支払う。短時間で購入する客への対応も継続している。

チャノマの石組テーブルは、近隣の住人の応対にも使われている。主人は、町内の大型町家が市に取得された際、ここで町内住人と相談し、町内会館として改修する要望書を提出した。市は二〇〇七年に町家交流館「高田小町」として再生した。

主人は従前からの着付け教室を、二階の四三畳分をつかい行なうこととした。「トオリニワ奥の階段から直接上がれる」、「吹抜を感じられる」との好評を得たため、まちづくり団体による読み語りの会場としても二階を開放することとした。二階では、能面の展示会や高田瞽女の絵画展も行なった。このとき一階では、チャノマを受付、ナカノマを控え間、ザシキを茶席とした。着物の注文客のもてなしと同様、中庭の風景を開放している。

二〇〇八年から「高田瞽女《ごぜ》の文化を保存・発信する会」に加わり、瞽女が雁木通りを歩き、玄関先で三味線の演奏と唄を奉納して廻る「門付け」の再現に協力している。当家では、チャノマ土間での高田瞽女の演奏を、主人が神棚下に立ち、トオリニワやミセに立つ近隣住人や市民とともに聴く。

家具を造り付けず、住人が主体となり空間をつくっていく和室の特徴が、設計者と主人に共有され、改修後も主人により展開されている。柱と壁、床上と土間、明と暗、前と後といった対比を拠り所として、営みが生業からまちづくりへつながっている。

参考文献

・きものの小川　ホームページ、http://kimononoogawa.com/
・『町家読本――高田の雁木町家のはなし――』（上越市文化振興課、二〇一〇年）

開く

動く境界と循環する時間

中嶋節子

町屋を描いた最古期の絵画資料に『年中行事絵巻』がある。現存するものは江戸期の模本であるが、平安時代末期の風俗を伝えるヴィジュアル資料として知られる。そこには軒を連ねて建ちならぶ町屋の姿が描かれ、現在につづく町屋の原型がすでに確認できる。注目されるのは、見世棚を出して商品を売る女性や、町屋の内から通りで行なわれている祭礼や行事を見物する人々の姿である。つまり、店舗として、そして桟敷として公的外部空間に開かれることが、町屋の「かたち」を規定する基本的要件であることが、この絵巻には示されている。『年中行事絵巻』が描くように、祭礼は建築の内と外との境界について、その形態や構造のみならず意味を考え

大津祭（滋賀）
町屋の一階には幔幕を掛け、建具を取り払った二階座敷が曳山を見物する桟敷となる

る上で、多くのヒントを与えてくれる。祭礼を手がかりに境界について考えてみたい。

各地で行われる伝統的な祭礼のうち、京都の祇園祭に代表される曳山が氏子地域を巡行する祭礼では、祭りの期間中、まち全体が華やかな祝祭空間へと姿を変える。曳山の巡行路にあたる家々では、通りに面する建具を取り払い、幔幕を掛け、提灯を吊るして祭りを祝う。開け放たれた通り側の座敷には、毛氈《もうせん》を敷き、屏風を立て、正装した家人と客が祭りを迎える。建具をはずした二階座敷にも緋毛氈が掛けられ、そこもまた桟敷として設えられる。日常は格子などによって閉ざされた座敷が、祭礼時にはまちへと開かれ、まちと一体となって祝祭空間をかたちづくるのである。

祭礼時の座敷はまた、桟敷としてのみならず、御神体や装飾品の展覧の場となることで、祝祭空間の一部を担う。座敷は見るためだけではなく、見せるためにも開かれるのである。祇園祭では、町会所が山鉾に載せる御神体や懸装品のお飾り場として飾り付けられる。まちの人々の教養と美意識、そして経済力を反映した華やかで洗練されたお飾り場がまちを彩る。町のお飾り場のほか、各家が所有する屏風などの家宝を展覧する「屏風祭」や、「造り物」と呼ばれる祭りを祝うための造形物の設置もまた、通りに開放された座敷で行なわれる。

こうした祭礼時のしつらいを可能にするのは、取り外しができる建具と大きな開口、可変性の高い間取り、幔幕や提灯を取り付けるためのディテールなど、町屋に組みこまれたさまざまな仕組みである。それら仕組みの体系が「かたち」として洗練されることによって、町屋は完成されたといえよう。町屋が美しい理由はそこにある。

境界についてもう少し踏みこもう。町屋における公と私の境界は、祭礼時と日常では異なる様相を呈する。日常は格子他で構成される通りに面する壁面が、公と私の境界を指し示す。格子は透過性の高い建具ではあるが、その性質がかえって公と私との関係を強く意識させるといってよい。そうした通り側の建具が取り払われる祭礼時は、公と私との境界が敷地内に大きく後退し、公的空間を一時的に拡大させる。私に属しながらも公に開かれたこの空間に祝祭的な要素が布置されることで、祭礼は完成されるのである。

祭礼にみるように、町屋における空間的境界は固定的なものでなく、仮設的で移動可能な存在である。こうした境界の揺らぎは、日々の生活の維持において不可欠なものであったと考えられる。境界は公と私、ハレとケ、聖と俗、生と死などさまざまな両義的、多義的な意味世界が立ち上がる場である。それを空間の質としてわれわれは感じ取る。祭礼といった非日常は、日常の境界を攪乱することで、そこに一時的に意味世界を立ち上がらせる。そうした意味世界の存在を、意識的にあるいは無意識に再確認することで、われわれはふたたび日常の秩序へと回帰できる。言い換えれば、日常の時間の経過とともに蓄積される混乱や硬直を、非日常の境界を出現させることによって開放し、新たな出発を促すのである。祭礼においてそれは座敷を「開く」ことにほかならない。

城端曳山祭（富山）
出丸町の山宿。三間つづきの座敷に御神体ほかが飾られる

　非日常はまた時間を区切る役割を持つ。年に一度行なわれる祭礼のように、定期的に訪れる非日常は、時間に徴《しるし》をつけることで、時間を循環させ、恒常性や永続性を担保する。季節が来たから祭礼が行なわれるのではなく、祭礼が行なわれることによって季節が巡るのである。町屋をはじめわが国の伝統的な住まいは、祭礼や年中行事、冠婚葬祭の非日常がもたらす螺旋的な時間軸の上に継承されてきたといえよう。

　こうした空間における境界への感受性と、螺旋状に流れる時間への意識は、機能主義的、合理主義的な価値を至上のものとして追求した時代にわれわれが失ったものなのかもしれない。しかし、境界に立ち上がる両義的で多義的な空間の質、循環する時間の流れにこの国の建築の本質があるように思われる。開かれた座敷はそのことを教えてくれる。

参考文献

・谷直樹・増井正哉編『まち祇園祭すまい―都市祭礼の現代』（思文閣出版、一九九四年）
・大阪天満宮文化研究所編『天神祭―火と水の都市祭礼』（思文閣出版、二〇〇一年）
・岩間香・西岡陽子編『祭りのしつらい―町家とまち並み』（思文閣出版、二〇〇八年）

遊ぶ

現代につながる和洋の狭間

波多野純

図3『蘭館絵巻』

図1『長崎阿蘭陀出島之図』

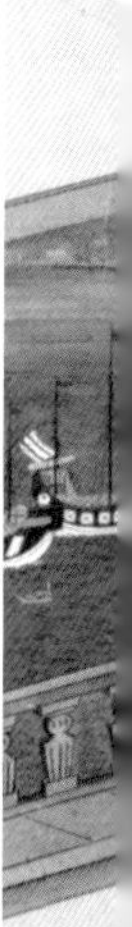

図2『出島蘭館饗宴図』、「長崎出島館内之図」より

鎖国下、西欧に開いた唯一の窓である長崎出島を描いた絵には故国を離れ出島に暮らすオランダ商館員たちの「遊ぶ」が満載である（図1）。食事時には、バタビアから連れてきた下僕たちに管弦楽を演奏させている。長崎奉行所の役人も招待されている。

単身赴任である商館員の許へは丸山遊女が派遣された。商館付きの医師・フランツ・フォン・シーボルトと其扇（楠本たき）の間に生まれたイネは、日本最初の女医の一人として知られる。

オランダ商館員は出島の暮らしを満喫しているように見えるが、本当だろうか。まったく逆の見方もある。長崎湾に浮かぶ人工島・出島は、寛永一三（一六三六）年に築造され、ポルトガル人が入った。当時、平戸にいたオランダ人たちは、出島を「国立監獄」と呼び嘲笑した。ところがポルトガル人は追放され、同一八年にはオランダ商館が出島に移された。以来二百年余りつづく出島の生活は、長崎奉行所に出入りを厳しく管理された「生き埋め状態」、憂鬱なものであった。

オランダ商館員たちにとって、出島の暮らしは楽しいのか、憂鬱なのか。どちらが真実を伝えているのだろうか。どちらも一面の真実に違いないが、ある事情から「出島の暮らしは楽しい」と本国に報告する必要があった。その事情とは……。

一九世紀初頭、オランダ本国はナポレオンの弟ルイ・ボナパルトが皇帝となり、オランダ本国からオランダ国旗が消えた。さらに、アジア支配の拠点であるバタビアは、イギリスのトーマス・ラッフルズ卿に支配され、ここからもオランダ国旗が消えた。オランダ国旗が連続して掲揚されていたのは、世界で出島だけであった。このつらい時代に一九年間も出島に滞在し、一四年間商館長を勤めたヘンドリック・ドゥーフは、国王からオランダ獅子騎士勲章を与えられた。出島はオランダ人の誇りであり、そこでの暮らしは楽しいものでなければ困るのである。

出島での楽しい暮らしぶりは、川原慶賀の工房による大量の絵や、商館長ヤン・コック・ブロムホフが制作させた出島模型によって本国へ伝えられた。巾六・五メートルもある壮大な出島模型は、ハーグの王立骨董陳列室に展示され、数十年にわたり人気を博した。

出島の建物の多くは、長崎の有力町人が建設し、オランダ商館に賃貸した。建物の維持管理は、外部は有力町人、内部はオランダ商館が担った。結果、オランダ人たちは、室内を自分たちの生活に合わせて改造し、それが徐々に外観にまでおよんだ。

カピタン部屋の室内を描いた二枚の絵がある。左は奉行所の役人も招かれた酒宴の場面であり（図2）、右は商館員たちの食事の場面である（図3）。まったく違う場面に見えるが、細部を見ると共通する部分が多い。ボトルを片手に持ち自らワインを注ぐ人物、料理の載った皿を両手で持つ下僕とその脇の犬の組み合わせ、窓外の手摺の意匠、額装の絵の構図、いずれも同じ下絵を組み合わせて画面が構成されていることがわかる。

長崎の町家・和室をベースに、オランダ人たちが自らの生活感覚、趣向に合わせて改造した空間がここにある。長押を廻した真壁の和室でありながら、低い腰壁を持つ肘掛けのガラス窓、図2では金唐革紙を思わせる腰張りがされている。模型では、壁ばかりでなく天井にも、柄付きの壁紙の代用として、唐紙が貼られている。灯具が天井から吊されている。窓外の手摺の手摺子は、長崎の大工が花瓶型を正確に理解せず平面的につくったものだろう。マリンペイントが塗られている。

いずれの意匠も、書院造の和室の意匠をぶちこわしているようにも見えるが、なぜか親近感がある。現代につながる和洋が混ざり合った住宅の室内意匠にほかならないからだろう。様々なバリエーションを許容する和室の潜在力・包容力に驚かされる。

唯一受け継がれなかったのは、畳の上で靴を履くことである。オランダ人たちが靴を履いたままでいるのに対して、日本の役人は白足袋である。西欧化を推進する初期には、室内で靴を履くこともこころみられたようだが、これればかりは日本人の暮らしに定着することはなかった。

寸法体系と素材の規格性により安定した格調ある空間を生み出した書院造の室内。ここから離脱し「遊ぶ」ことにより魅力的、個性的な空間を生み出した数寄屋造。身分秩序の上下を基本とする書院造の室内での所作と、そのしがらみから脱し身分を越えて「遊ぶ」ことを意図した数寄屋造の茶室。このように考えると、監視下で一瞬だけでも心を解き放ち「遊ぶ」出島の室内もまた数寄屋と捉えることができる。それも私たちの生活感覚に近い空間、現代日本住宅のひとつのルーツである。

競う

戯れが美に変わる時

松村秀一

　この国では、長らく和室が当たり前の生活空間だったのだから、室内で行なう競技や遊戯の類が和室で行なわれている情景はごく当たり前のものだった。だから、中国発祥の麻雀や囲碁の場合でも、和室とは切っても切れない競技あるいは遊戯という印象が強い。麻雀は四畳半の部屋でおこたを囲んで夜通しやったものだし、囲碁も由緒ある国内の名人戦などは立派な和室でというのが通り相場になっている。しかし、中国に行けば、団地の住民が椅子とテーブルで麻雀に興じている姿をよく見るし、日本でも雀

2020年名人位・クイーン位決定戦

荘は椅子座式の全自動卓が普通だ。囲碁の場合も、和室のない本場中国では、当然のことながら椅子座式で行なわれている。

　日本固有の室内競技である将棋や花札は、和室でやってこそ絵になるものだとはいえ、将棋の練習場などは洋室で椅子座式の場合が多いようだし、花札の場合も洋室のテーブルで楽しむことはあり得る。平等性を帯びた空間としての和室の成立に深く関わった、闘茶や連歌といった古来の室内競技があるが、これらとて、今となっては和室でないとできないというものではない。

　現代でいえばスポーツ競技に分類される柔道や空手は日本発祥の競技であり、和室と関係があるように思われる方もおられるだろうが、この二つの競技の場合、和室という空間よりも畳という床仕上げとこそ縁を持っているのだと言える。ただ、畳はその素性からして力一杯踏ん張るのに適した床仕上げ材料ではなかった。だから、柔道の父とも呼ばれた嘉納治五郎は、柔道創設の時代より、柔道に相応しい素材、製法、耐衝撃性等を求めて畳の開発を進めていたと聞く。たとえば、畳表の経糸は信州美麻のおお麻糸でなければいけないという結論を得たといわれる。しかしながら、東京オリンピック二〇二〇を初めとして近年の柔道の主要な大会をテレビ等で見る限り、畳表の素材はかつての東京オリンピックで使われた七島藺ではなくビニール製に代わっているし、畳床も適度な耐衝撃性をもった素材構成が用いられている。ネット検索でもそれぞれの競技の特性に合った「柔道畳」や「空手畳」という製品種が成立していることがわかる。ただし、畳は畳である。仮に畳敷きの床これすなわち「和室」と言う方がおられるならば、その方にとって柔道や空手という競技を行なう空間はすなわち「和室」ということになる。

　さて、これも畳との縁が深いという点では柔道や空手と同じだが、床に正座して行なうという点で、「和室」の典型的なふるまいといえるものがある。競技かるたである。小倉百人一首などの有名な短歌の上の句を読み上げ、畳の上にならべられた下の句の札を掌で払うように取る。名人位やクイーン位をかけた競技などを見ていると、前がかりになった正座の姿勢からの速く無駄のない動作と、畳の上をすべるように飛ばされる一枚だけの札の正確さに圧倒されるが、まさに和室という空間での競

投扇興

い合いが相応しい。同時に大勢で何試合もやる場合には、体育館のようなところでということもあるようだが、やはり頂点をかけた競い合いには、和室が欠かせない。会場として有名なのは、「小倉百人一首」の第一首目の歌を詠んだ天智天皇ゆかりの近江神宮。毎年一月の名人位・クイーン位決定戦、高松宮記念杯歌かるた大会、高校選手権大会、大学選手権大会なども ここで開催される。

新たなゲームやスポーツが次々と現れる中、こうした古風な競技は徐々に廃れていきそうなものだが、二〇〇八年に雑誌での連載が始まり人気漫画となった「ちはやふる」(末次由紀作)は、この競技かるたを主な題材にしたもので、二〇一六年には広瀬すず主演で映画化され公開された。将棋界を題材にした漫画「3月のライオン」(羽海野チカ作、二〇〇七年連載開始)などとともに、和室で競うというふるまいの凛々しさや美しさの再評価につながっているサブカルチャーと言えそうだ。

最後に粋な例を一つ。和室での遊興の代表的なものに、ひろげた扇を投げて的を落とす投扇興というのがある。これなどは、和室らしい動きの文化の代表格だろう。一度戯れに競ってみたいものである。

弔う

冠婚葬祭の場だった座敷

菊地成朋

戦時中の葬儀で座敷に設置された祭壇（香川県三豊郡，1944）

2004年に香川県三豊郡で行われた自宅での十三回忌法要

現在では、結婚式や葬式はホテルや葬儀場などの施設で行われるものだが、かつては住宅の座敷を使って営まれていた。それが、日本の住宅につづき間座敷が長らく生き残ることにつながったとする説もある。結婚式は一九五〇年代以降、専門の式場やホテルに移行していったが、葬式のほうは高度成長期までは「自宅葬」が一般的だった。自宅葬では、座敷の上座に祭壇を設置し、そこに棺を置き、通夜、葬儀、告別式を行なった後、火葬場へと向かう。

では、そういうふうに自宅に祭壇を飾り、多人数を招いて葬儀を行なうことが本来の形式だったのかというと、そうではない。伝統的な葬儀は、まず自宅で通夜をした後、遺体を棺に入れ、出棺の儀礼をして、野辺送りすなわち葬列を組んで寺または墓地まで運び、そこで儀礼を行なって埋葬または火葬をするというものだった。その一連の儀礼の中心となったのは葬列である。観念的には、亡くなった当初はまだ身体と霊魂が未分離で、完全には死んでいないと見なされた。通夜はそんな遺体に寄り添って一夜を過ごすことで、参加するのは近親者に限られていた。翌日に行われる野辺送りは、単なる遺体の運搬ではなく、死者をあの世へと送りだす儀礼的行為であった。

また、かつての農村社会では、「家」は永続的な経営主体であり、その連合体が村だった。葬式はその代替わりのセレモニーでもあり、棺や葬具の準備から炊き出しなどの裏方もふくめ、全体を村落共同体が取り仕切った。住宅はその際の施設として使われ、座敷はいわば舞台だった。ちなみに民家に座敷が導入されるのは、地域によって差があるが、概ね江戸時代中期とされている。畳が敷かれ、床の間や長押がつけられ、それが次第につづき間座敷へと発展していく。そして、婚礼や葬儀などの通過儀礼はこのつづき間座敷で営まれるようになる。通過儀礼だけでなく非日常の多人数の集まりにつづき間座敷が使われた。武士住宅の書院造の格式性が受け継がれて、行事の舞台装置となったのである。

一方、都市部では庶民住宅は小規模なものが多く、農村のようなつづき間座敷が確保されてはいなかった。葬儀で告別式のように大勢が一堂に会して行なわれるようになったのは近代になってからである。告別式は、明治三四（一九〇一）年に行なわれた中江兆民の葬儀が始まりといわれる。中江兆民は自由民権運動の理論的指導者で無神論者だった。遺言で従来の仏式の葬儀を拒否したため、遺族と友人がその代わりに宗教色のない儀礼として考案したのが告別式である。会場の青山斎場に政治家や新聞記者など約千人が集まり、板垣退助らが弔詞や弔歌や弔詩を述べたという。

その後、告別式は大正時代を通して徐々に一般層にも普及していくとともに、当初は無宗教を旨としていたものが仏式の葬儀に組みこまれるようになる。そして、葬式の中心が葬列から告別式という集会へと移行する。葬式の役割が送り出しから弔問を受けることへと変わるのである。そこに台頭してくるのが葬儀社である。従来はなかった祭壇が持ちこまれ、次第に華美になっていく。それが昭和初期になると、葬儀の近代化として「自宅告別式」が導入される。それは、通夜だけでなく本来は寺院や墓地で行なう葬儀さらに告別式までを自宅で行なうものである。自宅葬は高度成長期までつづくことになる。

高度成長期には都市化によって田舎から都会への人口移動が起こった。とはいえ、都会に出た働き盛りの人が親の葬式を挙げるのは田舎の家だった　そこには、従来の地縁関係に加えて、郷里を離れた兄弟姉妹家族やその仕事関係者も加わる。葬儀では、喪主をはじめとした遺族の社会的立場が表現される。

伊丹十三の映画『お葬式』でも、葬式が自宅で行なわれている。この映画は一九八四年の公開だが、その少し前に伊丹の妻の宮本信子の父親の葬儀があり、その喪主を務めた体験に着想を得てこの映画が制作されたという。それもあって、三日間の葬式のプロセスが克明に描かれている。伊丹はインタビュー記事の中で、葬式では「遺族とか、未亡人とか、訪問客とかね、みんな、日常演じ馴れぬ役割をギクシャクと演じざるをえない」といっている。この映画では、その何ともいえないギクシャク感がユーモラスに描かれている。ちなみに、映画『お葬式』の撮影に使われたのは伊丹のログハウス風別荘で、座敷ではない。ただ、正面に祭壇が飾られ、座式で葬儀を営んでいる。一部、畳が敷かれているようで、和室の融通無碍な特性が垣間見える。とはいえ、財津一郎演じるマネージャーが読経の間に足が痺れ、電話に出ようとして転げ回る姿は、正座がすでに日常生活から消えていることを表している。

一九八〇年代には、死亡する場所が自宅ではなく病院であることが多くなっても、いったん、遺体が自宅へ帰ってきていた。それが一九九〇年代になると、通夜から告別式までのいっさいが葬儀場で行なわれるようになる。進め方もすっかり葬儀屋任せ、会場も外部施設で自宅は全く使われなくなっている。一方で、最近では大掛かりな葬儀はせずに家族で小規模に弔う自宅葬も増えていると聞く。それが新しいトレンドになる可能性もある。

時とともにライフスタイルや家族観、社会観も変わっていく。それに伴って葬儀も変化する。ただ、時代が変わろうが、死をどう受け入れるかは人間にとって永遠の課題であり、その象徴行為としての儀礼は容易にはなくならないはずである。その舞台だった座敷も、しばらくは存続するのかもしれない。

参考文献
・宮田登『冠婚葬祭』（岩波新書、一九九九年）
・村上興匡「中江兆民の死と葬儀」（東京大学宗教学年報、二〇〇二年）
・斎藤美奈子『冠婚葬祭のひみつ』（岩波新書、二〇〇六年）
・伊丹十三記念館『映画『お葬式』シナリオつき絵コンテノート』（二〇〇七年）
・山田慎也ほか『冠婚葬祭の歴史』（水曜社、二〇一四年）

祭る

大嘗祭（神の座としての畳）

藤井恵介

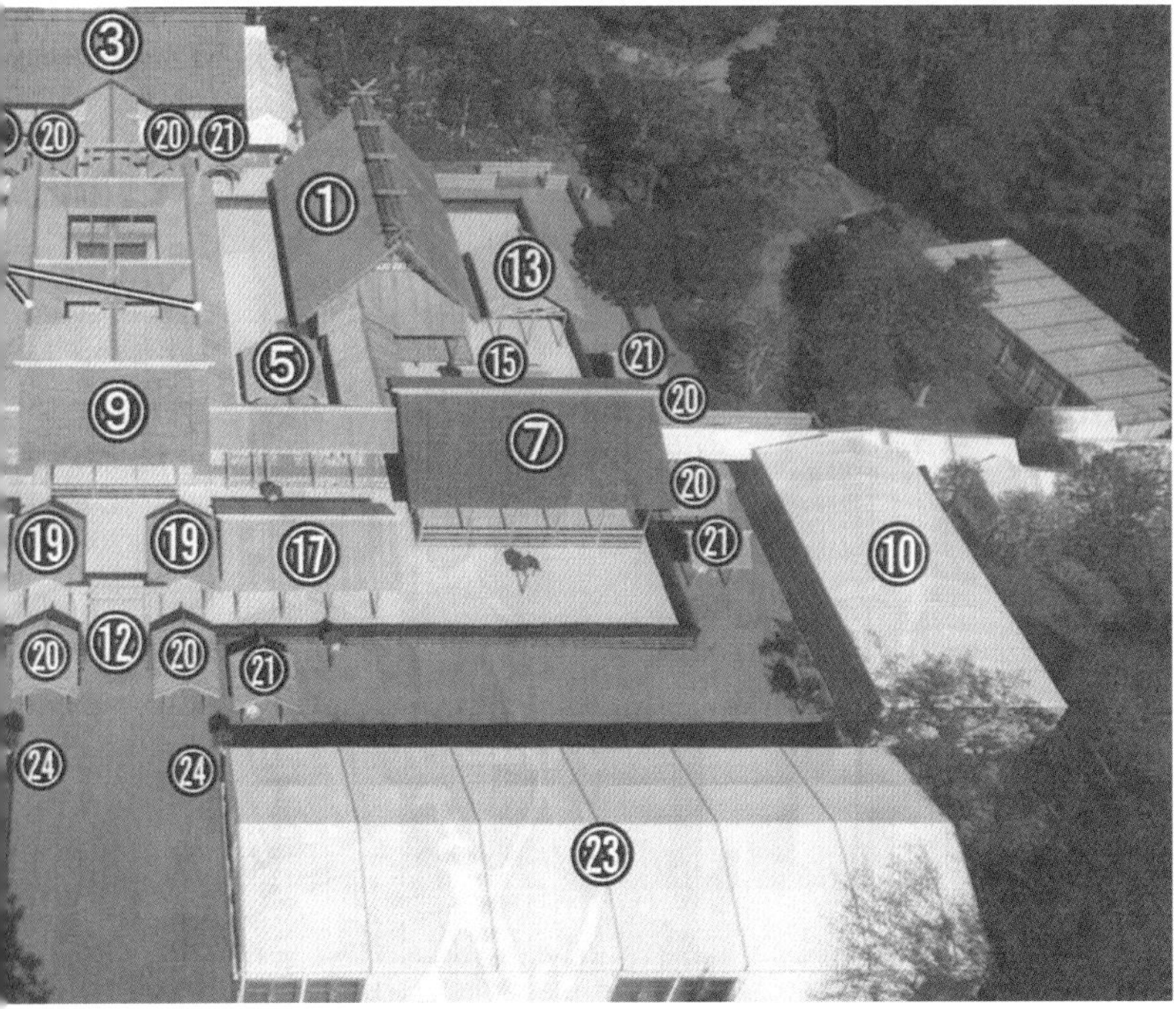

図1 大嘗宮全体図（宮内庁配布資料）
①悠紀殿、②主基殿、③廻立殿、④両儀御廊下、⑤⑥帳殿、⑦⑧小忌幄舎、⑨殿外小忌幄舎、⑩⑪膳屋、⑫南神門、⑬⑭楽舎、⑮⑯庭積帳殿、⑰⑱風俗歌国栖古風幄、⑲威儀幄、⑳衛門幄、㉑庭燎舎、㉒斎庫、㉓幄舎、㉔黒木灯籠

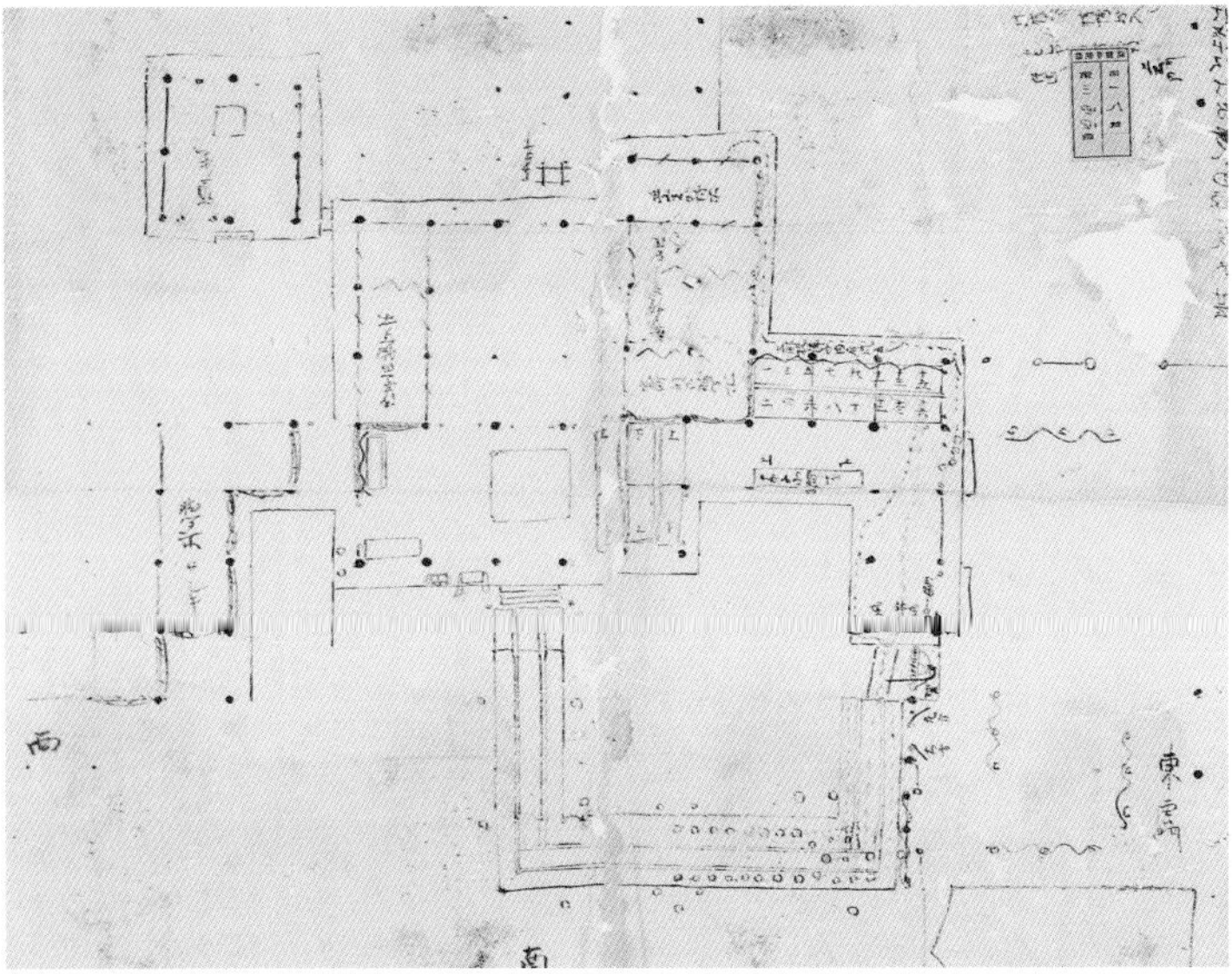

図3 醍醐寺法身院伝法灌頂指図

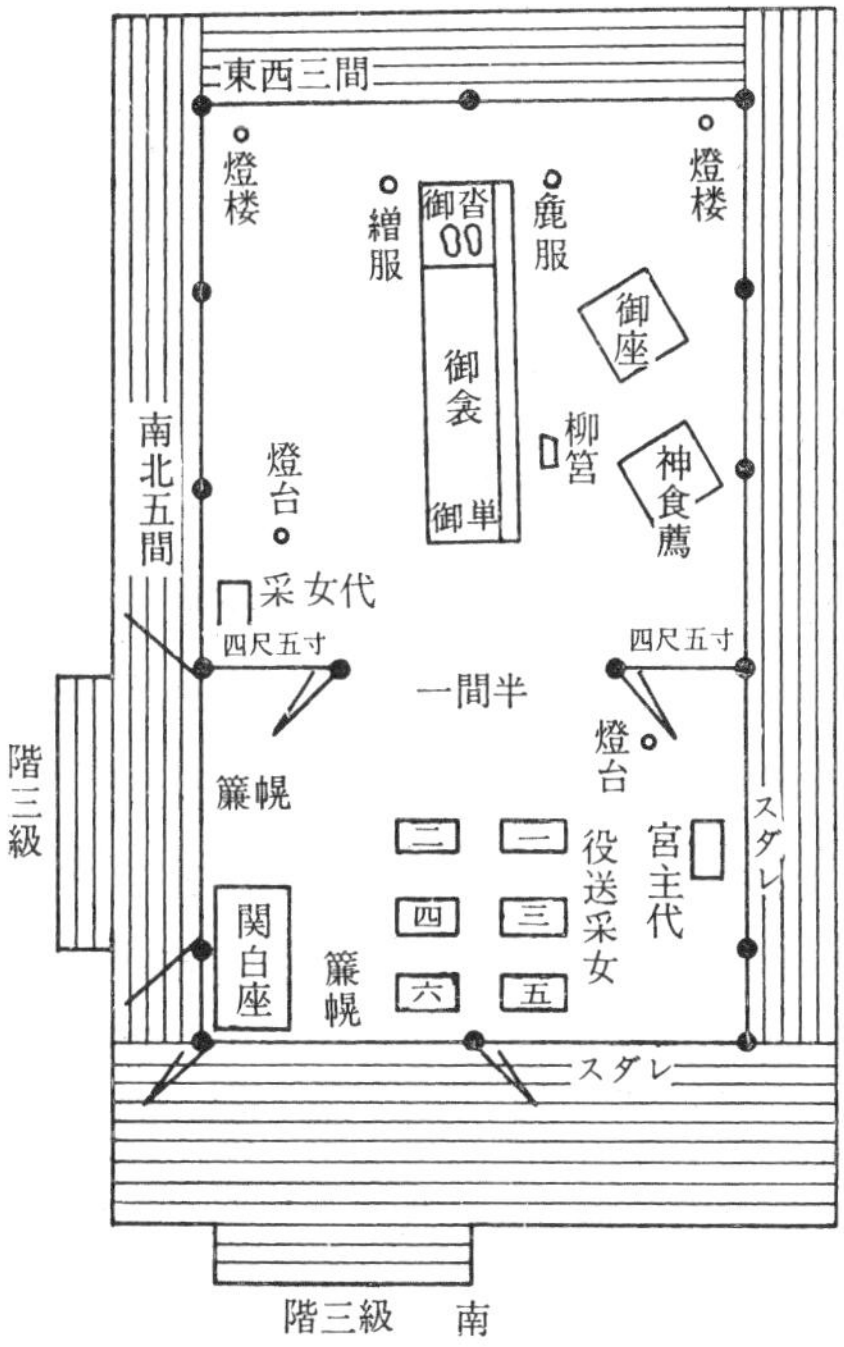

図2 大嘗宮正殿内部（元文3年、1738年、桜町天皇の大嘗宮。経費不足のために300年ほど中断していた大嘗祭が復興された時の平面図）

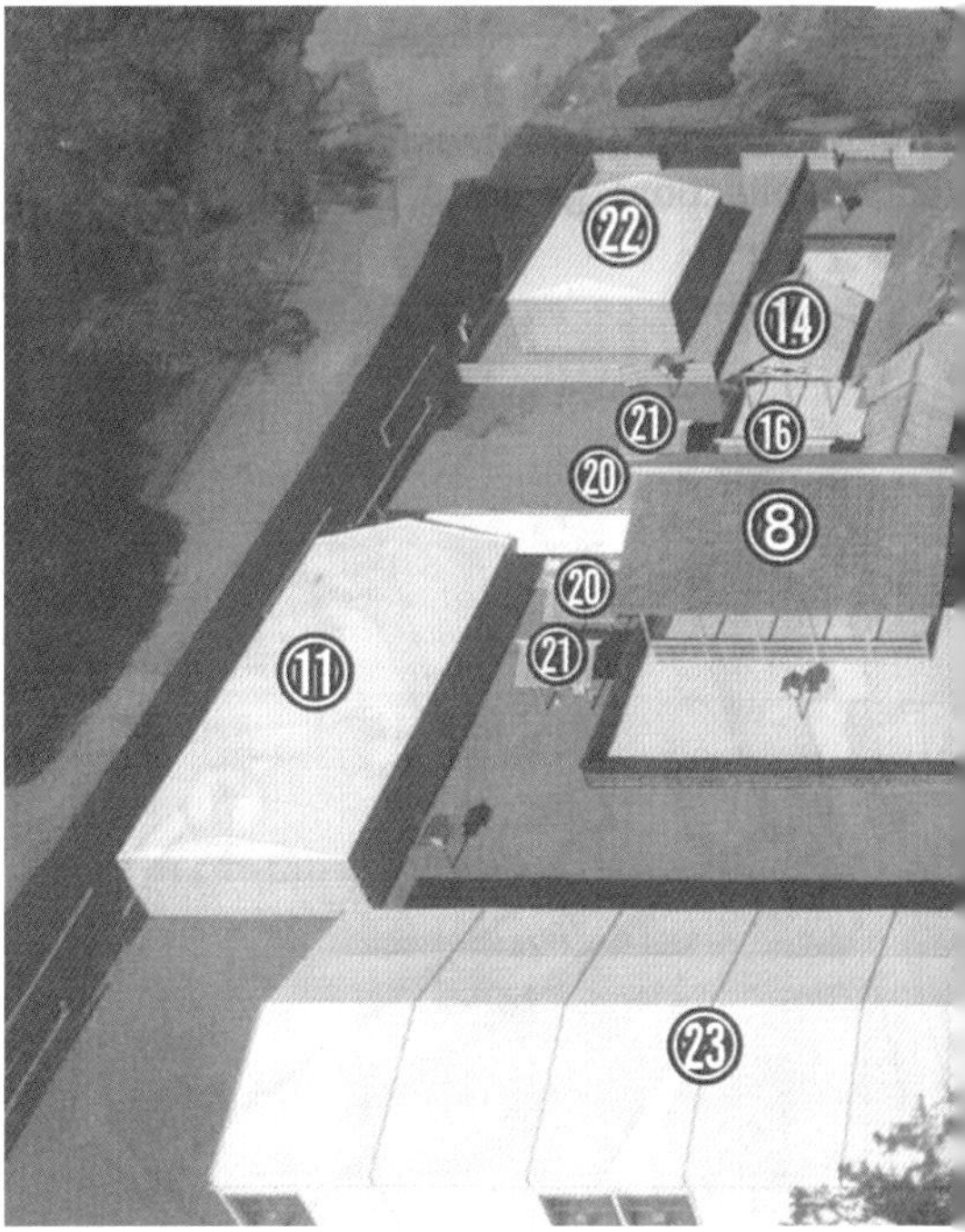

図4 お内裏様（雛壇）

祭とは何か？　神に向かって何かを捧げることである。神とは何か、という問いは難しいので止めておこう。

数年前にくりひろげられた天皇の代替わり、平成天皇は退位されて新天皇が即位した。即位に際して一群の儀式が連続したのだが、そのなかで臨時の施設を構えて盛大に実施されたのが大嘗祭だった。新嘗祭は年中行事として神嘉殿を会場として催されるのだが、天皇の即位後に、一代に一度だけ大規模な新嘗祭が開かれる。これが大嘗祭である。

新嘗祭とは何か？　天皇が秋に今年の五穀豊穣を神祇に感謝する祭である。具体的には感謝を表現するために、神に食物を供進し神酒をすすめるのである。元々一一月二三日が式日であった。戦後になると「勤労感謝の日」と名称変更されて、宮中儀礼を連想させないような名前になった。

大嘗祭において、天皇は廻立殿で沐浴をしたのち、悠紀殿の正殿のなかに籠り、ここで神とともに過ごし、神饌と神酒をすすめ、その後天皇は同じ御食・御酒を食するのである。そして、廻立殿にもどり、さらに主基殿で同じことが繰り返される（図1参照）。

ある人の説によれば、古い時代の首長層に共通の農耕儀礼として、身を浄めて聖なる高殿に籠り、神に扮して神酒・神饌を食べる儀礼があったのではないだろうか、という。古事記や日本書紀に記された天皇に関わる稲の祭の痕跡を留める伝承は、このような高殿に類する場であり、首長が祭の日はみずから神と一体になって行動したなごりではあるまいか。そうすると聖なる寝床に臥して来臨する神と一体となることが、神嘉殿や大嘗宮の神座においても行われていたと推測できるだろう、という。神と人（首長）とは近い関係にあって、友人のようでもあったのだろう。一神教であるユダヤ教の神ヤハウェイや、イスラム教の神アッラーとは大違いだ。

図2は、悠紀殿・主基殿の内部の模式図である。内部が全く同一のものが二棟建っているのである。この大嘗宮の構成は、平安時代初期まで遡って確認ができる。黒木すなわち皮付きの木を組立て、屋根を青草で葺いた。奥が「室」、手前が「堂」という。床は土間の上に束ねた草を置きその上に竹簀子《すのこ》を敷きその上に筵《むしろ》を置いた。堂の周囲は表が葦の簾、裏が筵の障子だった。屋根の上には堅魚木《かつおぎ》八枝および千木《ちぎ》を置いた。ほとんど自然の材

料にわずかに手を加えた程度の、極めて原始的な姿であったようだ。すでに、東大寺などが建立されて、きわめて華やかな建築が国内に実現している時、この姿は異様というべきである。初源の姿を延々と繰り返す、ということなのだろうか。

しかし、平安時代の後期には相当進んだ姿へと変更されたことが確認される。すでに床は張られていた。室の中央に畳十枚を六重に置いて、その上に八重畳を一枚置く。南端に坂枕、上に衾を置く。そのかたわらに斜めに半畳の畳を二枚置いて、一つを神座、一つを天皇の座とした。中央の畳は神の寝所であろうし、その脇の二つの座は食事の席と推定される。

ここで興味がひかれるのは、平面的な床の上に、「半畳」や「畳」が置かれて「神座」「天皇座」「寝所」が示されていることである（これらが長方形の内側で、微妙に角度がついているのは、アシンメトリー感覚のなせるところだろうか）。

床の上でなく、外履きと内履きが区別のない世界、西欧とか中国では、室内には大きな机や家具が置かれていた。それだけで部屋の内部の空間は決まってしまう。しかし、平らな床の上で、そこに座して生活を営む時、そのままでは大きな支障があった。ひとりであろうと数人であろうと、毎度居るべき場所を決める必要に迫られるのだ。しかし「半畳」という座具があれば、それを置けば何とかなる。その「半畳」は平安時代になると現代の畳のようなものとして成立したのである。

平安時代、鎌倉時代の室内の儀式を示す図は、どんな図にも畳が置かれていて、そのバリエーションの豊かさに驚かされる。というより、畳を描けば儀式が開催できるとさえ思われるのだ。図3の仏堂の指図では、仏壇はすでに存在しているのであって、僧侶の座（すなわち畳）を決めることに最大の精力が注がれているように見えるのである。

神を招いて祭ろうとした時、大嘗宮正殿をつくって、その中に天皇の座と同じ最高級の半畳の畳を置くことに決めたのだ。その時と同じような姿を現在でも見ることができる。三月三日、お雛様をならべた時の最上段、お内裏様（とその下の畳）である（図4参照）。

参考文献

・稲垣栄三『古代の神社建築』日本の美術81（至文堂、一九七三年）
・岡田精司『古代祭祀の史的研究』（塙書房、一九九二年）
・鈴木嘉吉・藤井恵介他編著『醍醐寺大観』一（岩波書店、二〇〇一年）
・山折哲雄『坐の文化論』（講談社学術文庫、一九八四年）

招く

おもてなしと和室／社交と和室

安高尚毅

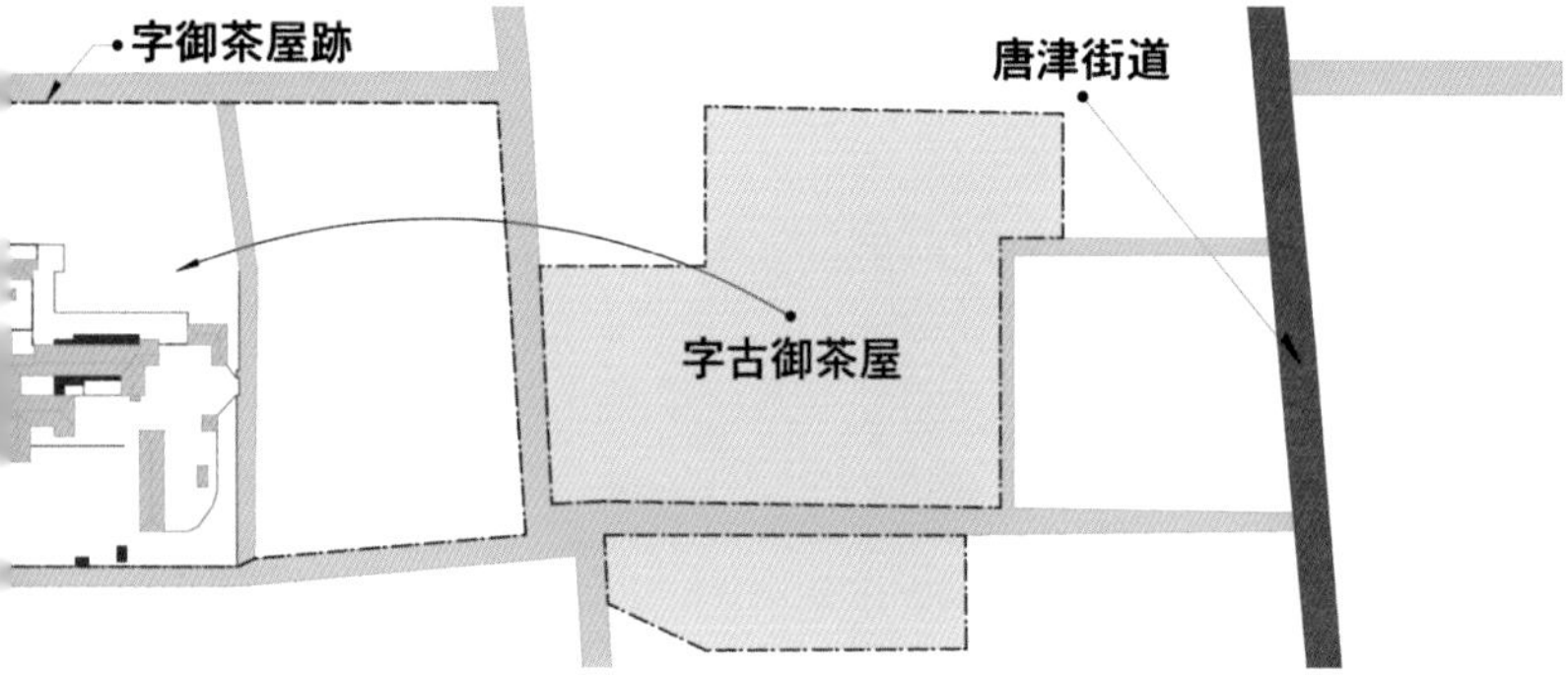

図1 箱崎御茶屋位置図

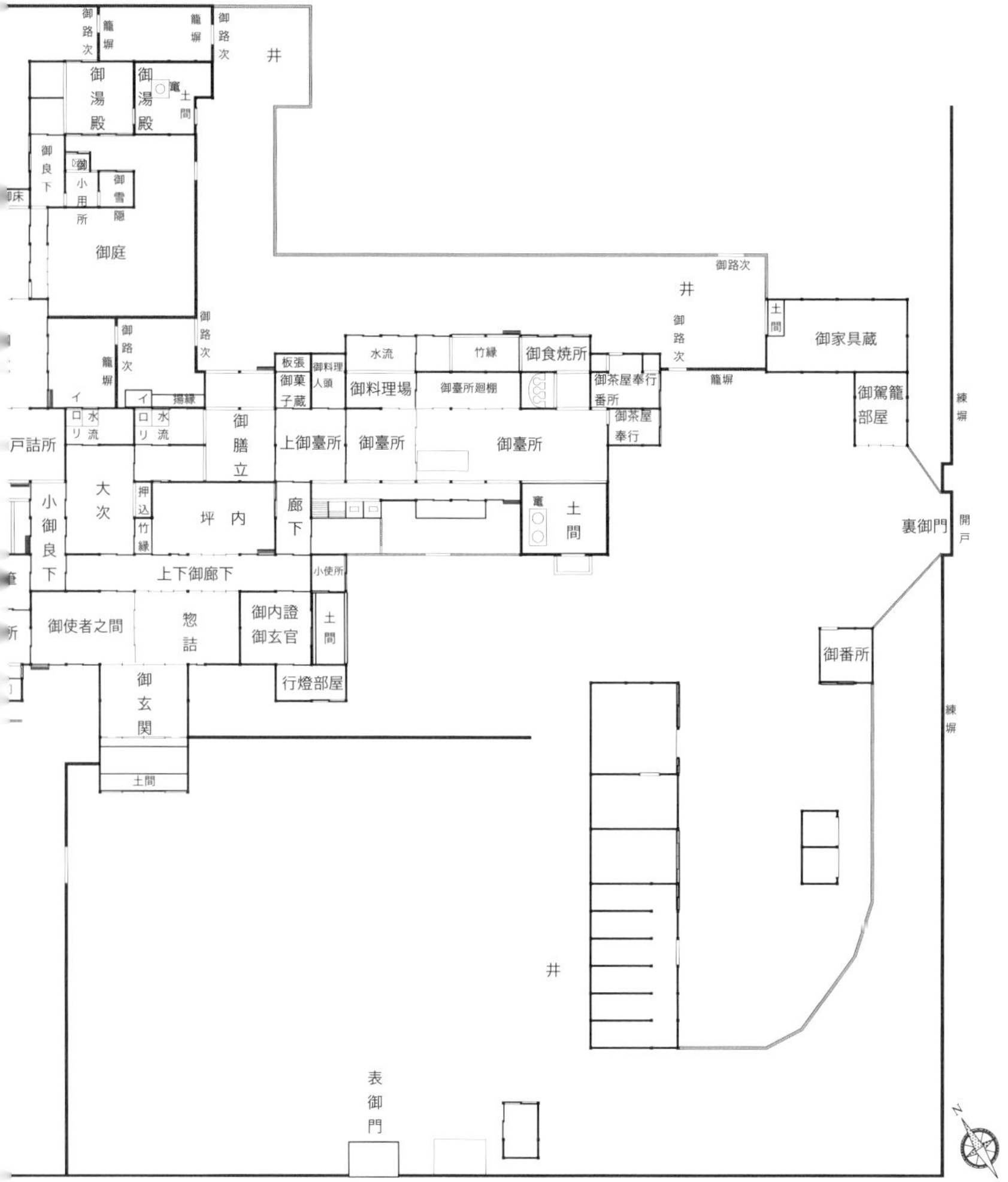

人を家に招いて宴会を催すことは、古くは平安貴族が行なっていたことが知られている。その後、室町時代に武家のあいだに本膳料理が確立し、それが江戸時代に発展して形式化した。日本における宴会は酒礼・饗膳・酒宴の三部で構成され、酒礼は一同に酒がふるまわれる儀礼で、今日の乾杯にあたる。その後に、饗膳の座に移り、本膳料理が出され、時に茶や菓子も供された。また、饗膳では能や狂言も演じられることもあった。そして酒宴へとつながるのである。

この本膳料理の確立と時を同じくして、現在の和室につながる書院造りが成立し、そこで宴会が催されたのである。

特に地方の大名においては、御茶屋と呼ばれる建築で客人を招いたおもてなしがなされた。近世に御茶屋と呼ばれた建築は、庭の間につくられたものから旅中に設置されたものまで種々の形があり、規模もそれに応じて、茶室から城郭に匹敵するものまで存在し、機能も飲食・休息・宿泊と様々な用途があった。ここで、その空間的特徴について福岡藩御茶屋を例に見ていこう。福岡藩では御茶屋は領内巡検や参勤交代時の休息・宿泊に用いられたものと、遊興や接待に用いられたものに大別できる。もちろん人を招き入れる宴会が催されたのは、後者の御茶屋であった。特にその事例の多いものが、箱崎宿に設置された御茶屋である。もともと唐津街道沿いに建てら

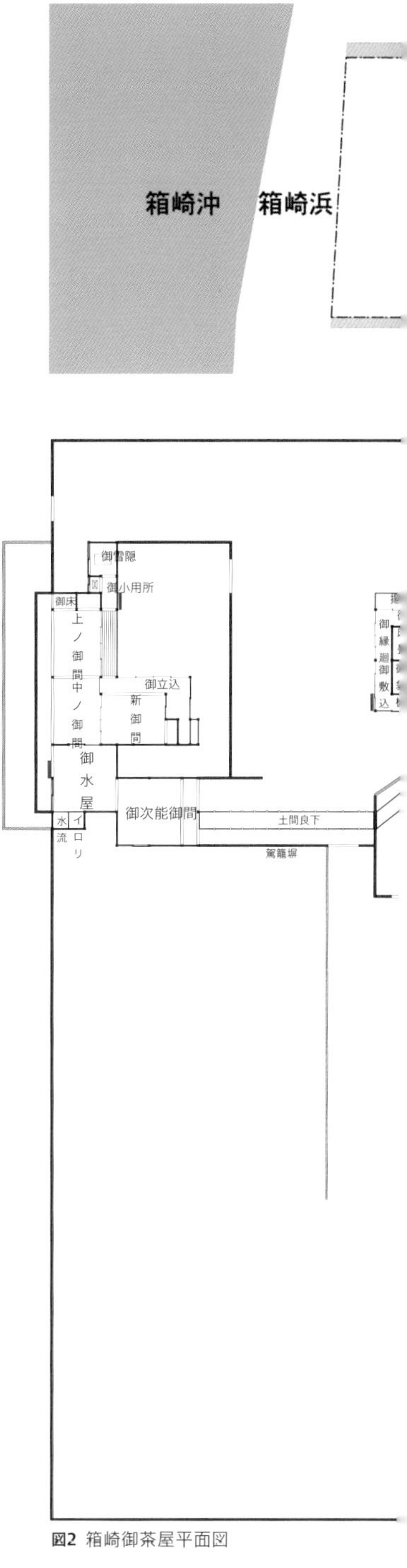

図2 箱崎御茶屋平面図

れていた箱崎御茶屋は、箱崎宿の大火を契機に海側へと移動し、それに伴って、参勤交代の宿泊から遊興的用途へと変化していった（図1）。

図2の箱崎御茶屋の空間構成を見ると、敷地は塀や垣によって五つの空間に分けられ、それぞれ異なる機能が与えられている。その五つの機能と空間は以下の通りである。送迎のための御玄関空間、家臣控えのための御用所空間、休息とそれを補助するための御居間空間、休息および対面・接客のための御亭空間、管理・家政のための詰所台所空間である。この中で、接客が行なわれた御亭空間は、西側の博多湾の、箱崎浜と箱崎沖を見渡せる眺望のよい場所に配置されている。これは福岡藩御茶屋にも通ずるもので、遊興に用いられる御茶屋は風光明媚な場所が選ばれて建てられるのだ。

おもてなしが行なわれたとみられる「上ノ御間」からは、二重の菱垣の向こうに眺望を得ることができる。この「上ノ御間」から浜辺を向いて催されたと考えられるおもてなしは、競馬御覧、海艦軍業御覧、船軍術御覧、相撲御覧、狼煙打ち上げ御覧、大筒・射馬御覧、陸上英式調練および馬術御覧、能楽および狂言である。饗膳では前述のように能や狂言の観覧が一般的であるが、それ以外に軍事訓練も余興として催された。これらおもてなしを受けたのは松平豊後守、薩摩国主、天領の日田代官、英国大軍艦戦将、蘭人であった。

また、平面図を見ると、おもてなしの空間に「御食焼所」「御臺所」「御料理場」「上御臺所」「御料理人頭」「御菓子蔵」「御膳立」の諸室が付随し、おもてなしを補完する空間が完備されていた。

箱崎御茶屋の意匠は数寄屋風書院造りである。「上ノ御間」は六畳のひろさで、同じく六畳の「中ノ御間」とつづき間を形成する。床の間と書院の座敷飾りを設け、数寄屋風意匠を呈していたのであった。

次に時代を下って明治の社交の空間を見ていきたい。

明治期は社交施設が求められた時期で、鹿鳴館、紅葉館、そして星岡茶寮などが建設された。星岡茶寮は明治一七年に、永田町山王台に三野村利助・小野善右衛門・奥八郎兵衛により建設された。近代数寄屋の先駆けとされている。会員制で、政官財の重鎮が名を連ねていた。一時、休寮するも、大正一四年に中村竹四郎・北大路魯山人の手により再開し、美食倶楽部としてその名は知れ

図3 星岡茶寮之図　風俗画報　版画

わたる。西洋建築の鹿鳴館が文明開化の社交の場の象徴ならば、日本建築の星岡茶寮は伝統文化を重んじた社交の場の象徴であったといえよう。

さて、この永田町山王台は高台で風光明媚な場所で知られ、ここにおもてなしの建築を建てたことや、数寄屋意匠を志向したところは福岡藩御茶屋と通底する。図3のように星岡茶寮は二階建であり、古写真によれば門前からの茶寮は小高い丘の上に聳え建ち、まるで天守閣のように見える。平面構成は玄関を入って広間の一二畳半、五畳、一二畳半の諸室がならび、二階に一〇畳間が二室あって、南の庭を眺められるようになっていた。

ところで、会員名簿には、のちの七人の総理大臣の名が見える。この和室の空間が糧となったかはわからないが、そこで行なわれたに違いない数々の社交が想像される。やはり、日本人であれば、和室の方が会話が弾むのではないかと思うのである。

参考文献

・安高尚毅「福岡藩御茶屋の建築史的研究」（博士学位論文、二〇〇七年）
・桐浴邦夫「東京府の公園経営と星岡茶寮の建設経緯」（日本建築学会計画系論文集、一九九七年）
・桐浴邦夫「創設期における星岡茶寮について」（日本建築学会計画系論文集、一九九八年）
・渡邊勝利「小説「星岡茶寮」」（東京経済、一九九四年）

住まう

長屋再生は時間のデザイン

谷直樹

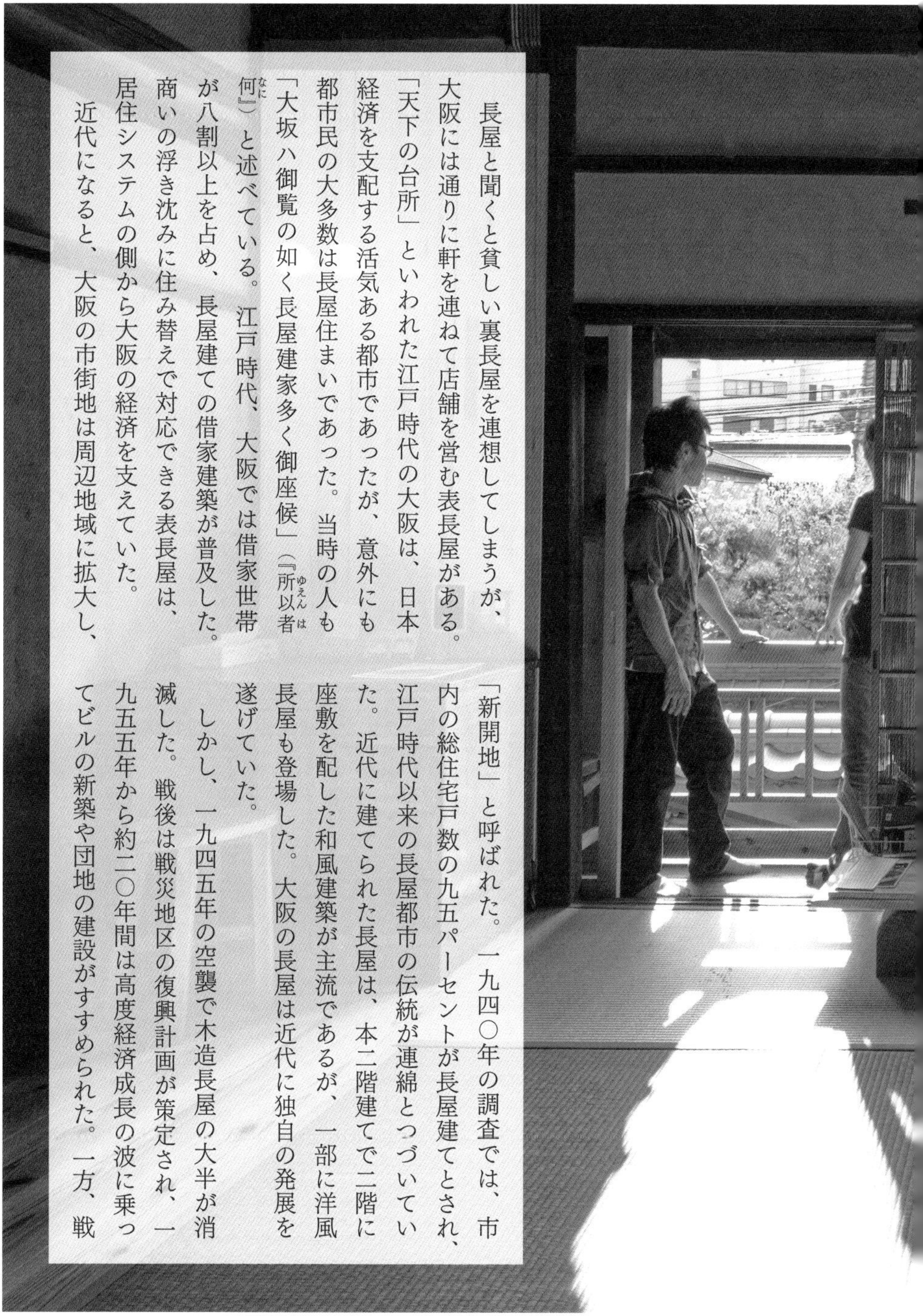

長屋と聞くと貧しい裏長屋を連想してしまうが、大阪には通りに軒を連ねて店舗を営む表長屋がある。「天下の台所」といわれた江戸時代の大阪は、日本経済を支配する活気ある都市であったが、意外にも都市民の大多数は長屋住まいであった。当時の人も「大坂ハ御覧の如く長屋建家多く御座候」（『所以《ゆえん》者《は》何《なに》』）と述べている。江戸時代、大阪では借家世帯が八割以上を占め、長屋建ての借家建築が普及した。商いの浮き沈みに住み替えで対応できる表長屋は、居住システムの側から大阪の経済を支えていた。

近代になると、大阪の市街地は周辺地域に拡大し、「新開地」と呼ばれた。一九四〇年の調査では、市内の総住宅戸数の九五パーセントが長屋建てとされ、江戸時代以来の長屋都市の伝統が連綿とつづいていた。近代に建てられた長屋は、本二階建てで二階に座敷を配した和風建築が主流であるが、一部に洋風長屋も登場した。大阪の長屋は近代に独自の発展を遂げていた。

しかし、一九四五年の空襲で木造長屋の大半が消滅した。戦後は戦災地区の復興計画が策定され、一九五五年から約二〇年間は高度経済成長の波に乗ってビルの新築や団地の建設がすすめられた。一方、戦

再生された豊崎長屋の2階座敷

後の持家政策による貸家経営の衰退や、火災や地震の対策上、木造長屋が除却対象とみなされるなど、大阪の住まいを特徴づけていた長屋建築は長い冬の時代を迎えた。

二一世紀に入って大阪の長屋の見直しが始まった。二〇〇三年、市の南部、阿倍野区の寺西家阿倍野長屋が、長屋建築としては全国で初の登録有形文化財になった。これは一九三二年に建設された四戸長屋で、各戸は本二階建てに平屋の小棟を張り出し、横に門を開く表構えで、小規模ながら瀟洒な邸宅の趣がある。内部は二階に八畳と六畳のつづき間座敷を持ち、長屋とはいえ一戸建ての住宅に匹敵する建築で、文化財登録の翌年に宮大工の手で建設当初の外観に修復された。この長屋は商業利用され、日本料理やイタリア料理の店舗が入居したため、室内は、床の間や違い棚、欄間など和室の造作を残して、借り手がそれぞれ内装を施した。寺西家阿倍野長屋は、貸家経営もふくめて長屋の再生事例として注目された。

二〇〇八年、北区の豊崎長屋が長屋の登録文化財第二号になった。敷地のまん中に家主の吉田家が住む一戸建ての主屋《おもや》が建ち、周りに五棟の長屋（北長屋、西長屋、東長屋、南長屋、南端長屋）が配置されている。長屋は一九二一年から二五年にかけて順次建設されたもので、長屋建築にありがちな画一的なものでなく、一棟ごとに変化が見られる。本二階建ての長屋のほか、高塀を巡らせ、玄関に小さい式台を構え、座敷の前に前栽《せんざい》を設けた仕舞屋《しもたや》風の長屋もある。突き抜けの小路《こうじ》は地道のままで、和風長屋と相まって大阪の原風景を残した佇まいである。

豊崎長屋の内部は、借家人によるリフォームがあるとはいえ、基本的には和室中心の住様式が引き継がれていた。床の間に掛け軸を飾り、季節の花を生け、夏には簾《すだれ》や風鈴を吊るなど、昔ながらの暮らしが守られていた。また、住民どうしの付き合いも親密で門《かど》掃きや打ち水で顔を合わせ、あいさつをする。住人のひとりの「遠くの親戚より近くの他人さん。長屋には肩のこらない人情味のある人間関係がある」という言葉が長屋暮らしの心地よさを象徴している。

建設から八〇年以上が経った二〇〇七年、老朽化した豊崎長屋をよみがえらせるプロジェクトが始まった。家主である吉田家と大阪市立大学居住環境学科の教員や学生とが共同作業を行ない、寺西家阿倍野長屋とは異なる長屋再生の道、すなわち商業利用ではなく本来の住まいとして再生し、併せて耐震補強を行なうこととした。

工事は北長屋（三戸長屋）のまん中の一戸から始まった。長いあいだ空き家で放置され、畳は腐っていたが、さいわい建築当初の柱や土壁、床の間は健在であった。そこで当初材はそのまま使い、間仕切りも尊重して、そこに新しい材料を付け足すことで再生を行なった。間取りを一新するリニューアルとは一線を画した仕上がりで、内部を見学した長屋の住人にも受け容れられ、翌年からの工事がスムーズに運ぶことになった。

二〇〇八年度以降は国の登録文化財になったことから、長屋の外観は建設当初の姿をできる限り再現した。内部は北長屋と同じように、「古いものにはさわらず、新しいものをあてがう」、というコンセプトで臨んだ。座敷の床の間や違い棚、棹縁《さおぶち》天井や鴨居《かもい》、間仕切りや建具は可能な限りそのまま残した。ほかに水廻りなどの設備は快適な現代生活に合うグレードのものを選んだ。

二〇〇八年度は西長屋（四戸）と東長屋（四戸）の二棟をまるごと耐震補強し、そのうちの三戸の内部を再生した。翌二〇〇九年度は南長屋を改修し、再生工事は順調に進んだ。ただ、予め計画があったわけではなく、空き家が出たのを契機に調査と設計を開始し、年度内に完成させるという離れ業であった。これは住みながら改修するという長屋再生の難しい点である。

再生された長屋には、設計に携わった大阪市立大学の卒業生が住んでいる。かれら彼女らが新鮮に感じたのは、窓を開けると風が入る、季節の変化を楽しむといった、和風住宅ではごく当たり前の住み心地であった。二〇一八年の大阪府北部地震の時は、長屋の新しい住人が、高齢者の安否を確認し、停止したガスの開栓を手伝い、長屋の人びとに大変感謝された。最近は子育て世代が住みはじめ、車の進入がない小路で、幼児を遊ばせる風景が見られるようになった。

豊崎長屋における和風長屋の再生は、「時間のデザイン」、「住み継ぐ」実験、「街区まるごとのリノベーション」などと評価された。戦後長くつづいたスクラップ・アンド・ビルドの流れに抗し、既存の住宅ストックを生かす数多くのこころみの中で、長屋建築を再生したこの「大阪モデル」が一石を投じたことは間違いない。

参考文献

・谷直樹・竹原義二編著『いきている長屋』（大阪公立大学共同出版会、二〇一三年）

おわりに

本書の企画は、日本建築学会内に設けられた「日本建築和室の世界遺産的価値特別調査委員会」(二〇一六〜二〇一八年度)とそれを二〇一九年度から引き継いだ「建築計画委員会日本建築和室の世界遺産的価値WG」の中での発表や議論がきっかけになって進められたものです。

一言で「建築学」と申しましても様々な専門分野があります。その異なる専門の方々がそれぞれに語る和室の歴史や和室の特長、和室の見所に関する話はとても面白く、これらを一般の方も含めてより多くの方に届けるにはどうしたら良いだろうかと考え始めたのがそもそものきっかけです。ですので本書の四〇名程の著者の皆さんは、この日本建築学会WGに参加しているメンバーか、その会合で講演にお招きした方かのいずれかです。

ただ、本書にご執筆或いはご登場頂いた方の中で、唯一養老孟司さんだけは、建築学会での私たちの活動とは無縁でいらして、今回は特別にお話を聞かせていただきました。お忙しいなかお付き合い下さった養老孟司さんに、改めて心より感謝申し上げます。

本書全体は、和室の中での人の立ち居ふるまいのユニークさやその幅の広さを、視覚的にも表現し、読者の方々にできるだけ印象深く伝えられればと思って編んできましたが、もし少しでもそうなっていたならば幸いですし、そうした和室の面白さが、読者の方から他の方へと波のごとく伝わっていくならば、これほど嬉しいことはありません。そして、いつの日か和室の世界遺産的価値が広く認知され、国内外の多くの人が和室での立居ふるまいを楽しんでいただけるようになれば、それこそ望外の幸です。

本書の出版にあたっては、(一財)住総研から出版助成を頂き、「住総研住まい読本」の中の一冊に位置付けていただきました。心より感謝申し上げます。

最後になりましたが、本書の執筆と出版の機会を与えて下さり、最後まで支えて下さった晶文社の出原日向子さん、本書の企画から完成までお付き合い下さった編集者の今井章博さん、そして今日まで和室をつくり続けてこられたすべての方々に深甚なる感謝の意を表したいと思います。有難うございました。

二〇二一年一〇月　著者を代表して　松村秀一

図版出典一覧

座る	70－71頁	図1：copyright 2011 northeast asian history foundation. all rights reserved. 図2：筆者撮影 図3：1890年Kassian Céphas撮影［Southeast Asian & Caribbean Images（KITLV）］
会う	76－77頁	撮影：桑原英文、出典：島尾新責任編集『日本美術全集 第9巻 室町時代 水墨画とやまと絵』（小学館、2014年）
触る	80－81頁	撮影：相原功
敷く	84－85頁	提供：桐浴邦夫
	87頁	撮影：小林直弘
書く	88－89頁	知恩院蔵、提供：京都国立博物館
味わう	92－93頁	筆者撮影
	95頁	筆者撮影
極める	97頁	撮影：田端みなお
整える	102－103頁	筆者撮影
飾る	106－107頁	撮影：藤田洋三
	109頁	撮影：藤田洋三
替える	110－111頁	撮影：永野一晃、提供：新建新聞社
隔てる	114－115頁	宮内庁三の丸尚蔵館蔵、提供：国立国会図書館デジタルアーカイブ
	117頁	筆者撮影
上がる	118－119頁	筆者撮影
	121頁	［図1］早稲田大学内藤多仲博士記念館蔵 ［図2－4］筆者撮影
忌む	122－123頁、125頁	東京家政学院大学附属図書館大江文庫蔵
従う	126－127頁	聖徳記念絵画館蔵
舞う	130－131頁	撮影：山口宏子
磨く～	136頁	筆者撮影
	137頁	筆者撮影、協力：中村外二工務店　中村公治
	139頁	撮影：中谷礼仁
締める	140－141頁	筆者撮影
納める	144－145頁	撮影：絹巻豊
	147頁	提供：無有建築工房
凝る	148－149頁	［上］撮影：NARU建築写真事務所 ［下6枚］撮影：住総研
	151頁	撮影：住総研
構える	152－153頁	筆者撮影
	155頁	筆者撮影
借りる	156－157頁	筆者撮影
写す	160－161頁	［図1］提供：表千家不審庵 ［図2］撮影：中谷正人 ［図3］撮影：小林浩志
	163頁	［図4左］出典：堀口捨己『利休の茶室』（岩波書店、1949年） ［図4右］筆者提供

図版出典一覧

起こす	164－165頁	重要文化財「大工頭中井家関係資料」(中井正知・中井正純蔵、大阪市立住まいのミュージアム寄託)、撮影：京極寛
省く	168－169頁	撮影：桐谷邦夫
	170頁	撮影：藤木竜也
寝転ぶ～	174－175頁	[左上]国会図書館デジタルアーカイブ [右上]国会図書館デジタルアーカイブ [左下]慶応大学文学部古文書蔵 [右下]ブルームイメージ / PIXTA(ピクスタ)
食べる	178－179頁	提供：毎日新聞社
	181頁	提供：松竹
寝る	182－183頁	筆者撮影
	185頁	筆者撮影
着る	186－187頁	著者撮影、撮影協力：きもの工芸「大黒屋」西川和晃
	188頁	[上]前田育徳会 [下]長崎市
畳む	190頁	提供：吉田道呼
	191頁	提供：松村立志
憩う	194－195頁	[上]撮影：藤塚光政 [下1(左から)]撮影：古川泰造、協力：公益財団法人ギャラリーエークワッド [下2]撮影：片山順平 [下3]筆者提供 [下4]撮影：木寺安彦
	197頁	撮影：小日向義明
祝う	198－199頁	[右]筆者提供 [左]出典：清家清編『すまいの歳時記』(講談社、1985年)
	201頁	撮影：岡崎良一、提供：世界文化社
営む	202－203頁	撮影：関由有子、協力：小川善司
開く	206－207頁	撮影：京極寛
	209頁	撮影：京極寛
遊ぶ	210－211頁	[図1]長崎歴史文化博物館蔵 [図2]東京藝術大学大学美術館蔵 [図3]長崎歴史文化博物館蔵
競う	214－215頁	提供：一般社団法人全日本かるた協会
	217頁	提供：NPO法人日本投扇興保存振興会
弔う	218－219頁	提供：天満類子
祭る	222－223頁	[図1]提供：宮内庁 [図2]出典：稲垣栄三『古代の神社建築』(日本の美術No.81、至文堂、昭和48年) [図3]提供：醍醐寺 [図4]筆者提供
招く	224－225頁	筆者作成
	229頁	出典：『風俗画報臨時増刊　新撰東京名所図会　第九編』(東陽堂、明治30年)
住まう	230－231頁	撮影：絹巻豊

編者について

松村秀一（まつむら・しゅういち）

1957年生まれ。東京大学大学院工学系研究科博士課程修了。工学博士。東京大学大学院工学系研究科特任教授。著書に『空き家を活かす』（朝日新聞出版、2018）、『ひらかれる建築』（ちくま新書、2016）、『「住宅」という考え方』（東京大学出版会、1999）など。

稲葉信子（いなば・のぶこ）

1955年生まれ。筑波大学大学院名誉教授。工学博士。東京工業大学大学院修士課程・博士課程修了。主な著書に『世界文化遺産の思想』（東京大学出版会、2017）、『世界遺産』（ポプラ社、2007）など。

上西明（うえにし・あきら）

1959年生まれ。建築家。上西建築都市設計事務所代表。1984年東京大学大学院修士課程修了。主な作品に奈良県医師会センター、緑の中の診療所など。共著に『劇場空間への誘い』（鹿島出版会、2010）など。

内田青蔵（うちだ・せいぞう）

1953年生まれ。神奈川大学建築学部建築学科教授。1983年東京工業大学大学院理工学研究科建築学専攻博士課程満期退学。工学博士。著作に『日本の近代住宅』（鹿島出版会、2016）『「間取り」で楽しむ住宅読本』（光文社、2005）など。

桐浴邦夫（きりさこ・くにお）

1960年生まれ。博士（工学）。京都建築専門学校副校長。著書に『茶の湯空間の近代』（思文閣出版、2018）、共著に『茶室33選 利休・遠州から近代まで』（エーアンドユー、2022）、『茶室露地大事典』（淡交社、2018）など。

藤田盟児（ふじた・めいじ）

1991年、東京大学大学院工学研究科博士課程修了。博士（工学）。奈良女子大学教授。共著に『建築の歴史・様式・社会』（中央公論美術出版、2018）『日本建築様式史』（美術出版社、1999）など。

著者について

日本建築和室の世界遺産的価値研究会

2014年に本間博文、服部岑生両氏の呼びかけによって、和室のこれまでの衰退とこれからの蘇生について考えを共有する数名が勉強会を始めた。2016年には建築界の多様な分野の面々約40名が集まり、日本建築学会内に「日本建築和室の世界遺産的価値特別調査委員会」（主査：松村秀一）を組織し、本格的な研究・交流が始まった。その後学会内での研究・交流の場は「日本建築和室の世界遺産的価値WG」に組織替えをし、2022年度までつづいている。その成果の一端は、『和室学 世界で日本にしかない空間』（平凡社、2020）にまとめられた。本書の著者である研究会はそうした場を発展・拡大させたものであり、年々仲間は増え、現在では50名程の方が参加している。本書の執筆者は、その企画が本格的に始まった2020年時点で同研究会のメンバーだった方々である。

一般財団法人 住総研について

故清水康雄（当時清水建設社長）の発起により、1948年（昭和23）年に東京都の認可を受け「財団法人新住宅普及会」として設立された。設立当時の、著しい住宅不足が重大な社会問題となっていたことを憂慮し、当時の寄附行為の目的には「住宅建設の総合的研究及びその成果の実践により窮迫せる現下の住宅問題の解決に資する」と定めていた。その後、住宅数が所帯数を上回り始めた1972（昭和47）年に研究活動に軸足を置き、その活動が本格化した1988（昭和63）年に「財団法人住宅総合研究財団」に名称を変更、さらに2011（平成23）年7月1日には、公益法人改革のもとで、「一般財団法人 住総研」として新たに内閣府より移行が認可され、現在に至る。一貫して「住まいに関する総合的研究・実践並びに人材育成を推進し、その成果を広く社会に還元し、もって住生活の向上に資する」ことを目的に活動をしている。

黒野弘靖（くろの・ひろやす）
1961年生まれ。新潟大学工学部准教授。「営む」

小池孝子（こいけ・たかこ）
1968年生まれ。東京家政学院大学現代生活学部生活デザイン学科教授。「食べる」

後藤治（ごとう・おさむ）
1960年生まれ。工学院大学理事長・総合研究所教授。「敷く」

佐藤浩司（さとう・こうじ）
1954年生まれ。元国立民族学博物館・学術資源研究開発センター。「座る」

鈴木あるの（すずき・あるの）
1965年生まれ。京都橘大学工学部教授。「整える」「畳む」

鈴木義弘（すずき・よしひろ）
1958年生まれ。大分大学理工学部教授。「飾る」

髙田光雄（たかだ・みつお）
1951年生まれ。京都美術工芸大学副学長、京都大学名誉教授。「替える」

武知亜耶（たけち・あや）
1989年生まれ。武知研究室。「上がる」

竹原義二（たけはら・よしじ）
1948年生まれ。無有建築工房代表取締役。神戸芸術工科大学環境デザイン学科客員教授。「納める」

谷直樹（たに・なおき）
1948年生まれ。大阪市立大学名誉教授。「起こす」「住まう」

田野倉徹也（たのくら・てつや）
1978年生まれ。田野倉建築事務所、代表取締役。「舞う」

中嶋節子（なかじま・せつこ）
1969年生まれ。京都大学大学院人間・環境学研究科教授。「開く」

中山利恵（なかやま・りえ）
京都工芸繊維大学デザイン建築学系准教授。「磨く・擲（なぐ）る・塗る・洗う」

波多野純（はたの・じゅん）
1946年生まれ。日本工業大学名誉教授。「遊ぶ」

服部岑生（はっとり・みねき）
1941年生まれ。千葉大学名誉教授。「寝転ぶ・寝そべる」

平井ゆか（ひらい・ゆか）
1968年生まれ。内田祥哉建築研究室所員。「触る」

藤井恵介（ふじい・けいすけ）
1953年生まれ、東京大学名誉教授。「祭る」

藤田盟児（ふじた・めいじ）
1960年生まれ。奈良女子大学工学部長。2章、「会う」

松村秀一（まつむら・しゅういち）
1957年生まれ。東京大学大学院工学系研究科特任教授。「競う」

松本直之（まつもと・なおゆき）
1986年生まれ。東北大学大学院工学研究科助教。「締める」

道江紳一（みちえ・しんいち）
1953年生まれ。一般財団法人住総研 専務理事。「凝る」

村田あが（むらた・あが）
1959年生まれ。跡見学園女子大学教授。「忌む」

Martin N. Morris（マーティン N. モリス）
1956年生まれ。千葉大学名誉教授（建築史）。「構える」

矢ヶ崎善太郎（やがさき・ぜんたろう）
1958年生まれ。大阪電気通信大学教授。「極める」

著者略歴　＊「　」内は執筆項目を示す

浅野伸子（あさの・のぶこ）
1952年生まれ。神奈川大学非常勤講師。「隔てる」

安高尚毅（あたか・なおき）
1971年生まれ。小山工業高等専門学校建築学科教授。「招く」

泉幸甫（いずみ・こうすけ）
1947年生まれ。泉 幸甫建築研究所、日本大学客員教授。「写す」

稲葉信子（いなば・のぶこ）
1955年生まれ。筑波大学大学院名誉教授。1章

上西明（うえにし・あきら）
1959年生まれ。建築家。上西建築都市設計事務所代表。1章、2章、「借りる」

内田青蔵（うちだ・せいぞう）
1953年生まれ。神奈川大学工学部建築学科教授。1章、「省く」

梅本舞子（うめもと・まいこ）
1981年生まれ。筑波技術大学産業技術学部准教授。「寝る」

岡絵理子（おか・えりこ）
1960年生まれ。関西大学環境都市工学部建築学科教授。「祝う」

小沢朝江（おざわ・あさえ）
1963年生まれ。東海大学工学部建築学科教授。「従う」

片山和俊（かたやま・かずとし）
1941年生まれ。建築家。DIK設計室主宰。東京藝術大学美術学部建築科名誉教授。「憩う」

加藤悠希（かとう・ゆうき）
1981年生まれ。九州大学大学院芸術工学研究院准教授。「書く」

亀井靖子（かめい・やすこ）
1974年生まれ。日本大学生産工学部建築工学科准教授。「着る」

菊地成朋（きくち・しげとも）
1955年生まれ。九州大学名誉教授。「弔う」

桐浴邦夫（きりさこ・くにお）
1960年生まれ。京都建築専門学校副校長。1章、「味わう」

和室礼讃《わしつらいさん》　「ふるまい」の空間学《くうかんがく》

2022年12月25日　初版

編　者　松村秀一、稲葉信子、上西明、
内田青蔵、桐浴邦夫、藤田盟児

著　者　日本建築和室の世界遺産的価値研究会

発行者　株式会社晶文社
東京都千代田区神田神保町1-11
〒101-0051
電話　03-3518-4940（代表）・4942（編集）
URL http://www.shobunsha.co.jp

印刷・製本　中央精版印刷株式会社

出版協力　一般財団法人 住総研

編集協力　今井章博、髙尾美由紀

ISBN978-4-7949-7339-9 Printed in Japan